《世界各国刑事诉讼法》分解资料丛书

刑事诉讼原则

外国宪法刑事诉讼法有关规定

卞建林 / 主编

中国检察出版社

《世界各国刑事诉讼法》分解资料丛书

主　　编　孙　谦　　卞建林　　陈卫东

执行编委　（按姓氏笔画为序）

　　　　　王贞会　　朱建华　　刘计划　　安　斌

　　　　　侯宇翔　　常　艳　　程　雷　　潘　灯

出版说明

为进一步推进我国法治建设，助力司法体制改革，促进学术研究，中国检察出版社与中国刑事诉讼法学研究会联合组织编译了《世界各国刑事诉讼法》，并由中国检察出版社于 2016 年 8 月出版。《世界各国刑事诉讼法》收录了世界五大洲 61 个国家的现行刑事诉讼法文本，全书按照地域分为五卷，分别为亚洲卷、欧洲卷、非洲卷、美洲卷、大洋洲卷。出版一年来，受到法学界、法律实务界的欢迎。由于《世界各国刑事诉讼法》长达一千余万字，卷帙浩繁，给研究和阅读带来不便。为此，编者对《世界各国刑事诉讼法》收录的外国刑事诉讼法所规定的刑事诉讼原则、刑事证据制度、刑事强制措施、刑事辩护与代理制度、刑事立案与侦查、刑事起诉制度、刑事审判制度、刑事执行程序、未成年人刑事司法程序、涉外程序和刑事司法协助等十个方面的内容进行分类梳理、编辑，出版这套《世界各国刑事诉讼法》分解资料丛书，以方便读者研读和查阅。本套丛书分别由孙谦教授、卞建林教授、陈卫东教授主持编写，丛书编委会审定。

受时间和能力所限，本丛书编辑的过程中可能存在不够妥当或错漏之处，敬请读者批评指正。

编　者
2017 年 8 月

目 录

出版说明 ·· 1

亚 洲

朝鲜 ··· 1
哈萨克斯坦 ··· 2
韩国 ·· 10
马来西亚 ·· 14
日本 ·· 17
沙特阿拉伯 ··· 20
泰国 ·· 22
土库曼斯坦 ··· 26
新加坡 ··· 32
印度 ·· 34

欧 洲

奥地利 ··· 36
保加利亚 ·· 39
比利时 ··· 42
丹麦 ·· 48
德国 ·· 49
俄罗斯 ··· 51
法国 ·· 57
芬兰 ·· 58
荷兰 ·· 60
克罗地亚 ·· 61

拉脱维亚	66
挪威	71
葡萄牙	71
瑞典	73
瑞士	74
土耳其	76
乌克兰	80
西班牙	86
意大利	88
英国	91

非　洲

阿尔及利亚	93
埃及	95
埃塞俄比亚	97
加纳	100
喀麦隆	104
肯尼亚	105
摩洛哥	108
南非	112
尼日利亚	114
突尼斯	117

美　洲

阿根廷	118
巴西	119
秘鲁	125
哥伦比亚	128
古巴	134
加拿大	135
美国	139
墨西哥	141

| 乌拉圭 | 147 |
| 智利 | 149 |

大洋洲

巴布亚新几内亚	152
斐济	155
马绍尔群岛	158
密克罗尼西亚	162
瑙鲁	164
所罗门群岛	168
汤加	171
瓦努阿图	172
新西兰	175

附录:《世界各国刑事诉讼法》分解资料丛书翻译与审校人员 …………… 178

亚　　洲

朝　　鲜

朝鲜民主主义人民共和国刑事诉讼法[*]

第一章　刑事诉讼法的基本原则

第 1 条　（刑事诉讼法的使命）

朝鲜民主主义人民共和国刑事诉讼法的使命是为侦查、预审、起诉、审判提供制度与秩序保障，正确处理刑事案件。

第 2 条　（阶级路线的贯彻原则）

在反国家、反民族犯罪的斗争中，应当严格区分敌我，镇压极少数的活跃犯罪分子、宽容多数的被动犯罪分子；在与一般犯罪的斗争中，应当以社会教育为主、惩罚为辅。

第 3 条　（群众路线的贯彻原则）

处理刑事案件时，应当依靠群众的力量，发挥群众的智慧。

第 4 条　（预防犯罪原则）

国家应当对公民进行法制教育和法律统治以预防犯罪。

第 5 条　（全面性、科学性、客观性、慎重性、公正性的保障原则）

处理刑事案件时，应当保障刑事诉讼程序的全面性、科学性、客观性、慎重性和公正性。

第 6 条　（人权的保障原则）

处理刑事案件时，应当充分保障人权。

---

* 本法于 1992 年 1 月 15 日由朝鲜最高人民会议批准并实施。先后于 1995 年、1996 年、1997 年、1999 年、2004 年、2011 年、2012 年颁布了 7 个修正案。本译本根据朝鲜最高人民会议官网提供的朝鲜语文本翻译。

第 7 条　（处理刑事案件时使用朝鲜语原则）

处理刑事案件时，应当使用朝鲜语。

对于不通晓朝鲜语的刑事诉讼关系人，应当为他们提供翻译。

外国人可以用自己国家的语言书写与刑事案件相关的文件资料。

第 8 条　（法定的原则、程序和方法的遵守原则）

处理刑事案件时，应当依据本法规定的原则、程序和方法进行。

哈萨克斯坦

哈萨克斯坦共和国
刑事诉讼法典[*]

（2014 年 7 月 4 日颁布）

（2015 年 11 月 24 日修订与补充文本）

（2016 年 1 月 1 日，2017 年 1 月 1 日生效文本）

总　　则

第一编　基本原则

第二章　刑事诉讼程序的任务与原则

第 9 条　刑事诉讼程序的原则及意义

1. 刑事诉讼程序的原则是指确定刑事诉讼程序在阶段、制度与规范上的体系与内容，保障实现刑事诉讼程序参与人权利与义务的基本条件，并对所面临的任务进行处理的诉讼程序基础原则。

2. 对于违反刑事诉讼程序原则的行为，鉴于该行为的性质与程度，应当认定相应的诉讼行为或者判决为非法行为亦或非法判决，应对该诉讼程序阶段作出的判决予以撤销，亦或认定在这种情况下收集的材料不具备证据效力亦或

---

[*] 本译本根据哈萨克斯坦共和国司法部官方网站提供的哈萨克斯坦语与俄语文本翻译。

导致案件的审理无效。

第 10 条　法制原则

1. 法院、检察官、侦查官、调查机关与调查官，在刑事案件受理阶段必须准确遵守《哈萨克斯坦共和国宪法》、本法典以及本法典第 1 条规定的其他规范性法令。

2. 法院无权适用会对《哈萨克斯坦共和国宪法》所强调的人与公民权利与自由造成侵害的法律与其他规范性法令。如果法院认为，应当适用的法律或者其他规范性法令会对《哈萨克斯坦共和国宪法》规定所强调的人与公民的权利与自由造成侵害的，应当暂时中止刑事案件的诉讼程序，并向哈萨克斯坦共和国宪法委员会递交有关认定该法令违宪的报告。

3. 法院以及刑事追诉机关，在刑事案件的诉讼程序中不得违反法律，违反法律应当承担相应的法律责任。同时，相应的非法法令应当认定为是无效法令，并应予以撤销。

4. 在本法典规范与规范间互有冲突的情况下，应当适用其中符合刑事诉讼程序基本原则的规范。如果在这些规范中缺失调整刑事诉讼程序问题的相应规范，应当根据刑事诉讼程序的基本原则直接审理。

第 11 条　司法审判权仅可以由法院行使

1. 对于哈萨克斯坦共和国境内的刑事案件，相应的司法审判权限仅可以由相应的法院行使。无论任何人，只要侵犯法院应当履行的司法审判职责的，都应当承担法律规定的刑事责任。

2. 任何人非依据本法典规定，并根据法院下达的刑事案判决，不得被认定为在刑事违法行为实施中具有过错并遭受刑罚。

3. 法院的管辖范围、司法审判权的界定，以及履行刑事诉讼程序的规则应当由法律确定，不得随意变更。不得为审理刑事案件而借用任何名义组建临时的或者专门的法院。由临时法院以及其他非法组建的法院作出的刑事案判决或者其他判决，不具有法律效力并且不得执行。

4. 实施刑事诉讼程序的法院，对不属于其管辖范围、超越其职权界限的案件作出的刑事案判决与其他判决，或者以其他方式违反本法典规定的刑事诉讼程序基本原则作出的刑事案判决与其他判决，应当认定为非法判决并应予以撤销。

5. 法院针对刑事案件作出的刑事案判决与其他判决，仅可以由相应法院依据本法典规定的程序进行审查与重新审理。

第 12 条　对个人的公民权利与自由的司法保护

1. 任何人都有权通过司法保护保障自己的权利与自由。

2. 对于任何人，在其本人未予同意的情况下，不得变更法律对其规定的审判管辖权。

3. 对于任何人，国家应当保障在法律规定的条件与程序下，对其遭受的侵害能够诉诸法律并要求予以赔偿。

第 13 条　对个人荣誉与人格尊严的尊重

1. 在刑事案件的诉讼阶段，禁止实施或者作出有损刑事诉讼程序参与人个人荣誉的行为或者判决。禁止基于本法典未予规定的目的收集、利用或者扩散行为人认为应当属于必须保密的私人生活及个人身份信息。

2. 鉴于刑事诉讼程序主导机关的非法行为而对行为人造成的精神损害，应当根据法律规定的程序予以补偿。

第 14 条　人身权利不受侵犯

1. 在不具备本法典规定根据与程序的情况下，任何人不得因涉嫌实施刑事违法行为被监禁，或者以其他形式被剥夺人身自由。

2. 拘留与监视居住，仅允许在本法典规定的条件下，并在法院准予被监禁者或者被监视居住者的司法申诉权时适用。在法院没有准予的情况下，对行为人的羁押不得超过 72 小时。对于未被拘留的行为人，将其强制安置于医疗机构以便进行精神障碍性疾病学司法鉴定与（或者）司法医学鉴定的事项，仅允许在法院作出相关判决的情况下可以进行。

3. 对于任何被羁押的行为人，应当立即向其告知羁押的根据，以及涉嫌实施何种刑事法律所禁止的行为。

4. 法院、刑事追诉机关、拘留地与医疗机构行政管理部门的负责人，应当立即释放被非法羁押或者拘留的人员，亦或超过法律或者刑事案判决规定期限被非法安置于医疗机构的或者被拘留的人员。

5. 任何参与刑事诉讼程序的人员，不得遭受酷刑及其他残酷、不人道或者有辱人格尊严的处遇或刑罚。

6. 任何人不得参与危及本人生命与健康的诉讼行为。侵害人身权利不受侵犯的诉讼行为，仅在本法典直接规定的情况下，可以违背行为人或者其法定代理人的意愿实行。

7. 对行为人适用的拘留，以及鉴于该行为人涉嫌实施刑事违法行为而对其适用的羁押，应当在排除对该人生命与健康造成危害的条件下进行。

8. 因非法剥夺自由、在危害生命与健康的条件下拘留、对其进行虐待等行为导致公民受到侵害的，应当依据本法典规定的程序予以补偿。

第 15 条　在刑事案件审理阶段对公民自由与权利的保护

1. 对于参与刑事诉讼程序的公民，刑事诉讼程序主导机关应当保护其自由与权利，为实现其自由与权利创造条件，并及时采取措施受理刑事诉讼程序参与人的合法要求。

2. 鉴于侵犯公民权利与自由的结果而致使其遭受侵害的，应当依据本法典规定的根据与程序予以补偿。

3. 当具有足够理由认定刑事被害人、证人或者其他刑事诉讼程序参与人，以及其家庭成员或者其他近亲属存在被杀害、遭受暴力、财产损毁的危险亦或遭受其他不法危害行为威胁的情况下，刑事诉讼程序主导机关应当在自己的管辖权内采取法律规定的措施保护上述人员的生命、健康、荣誉、尊严与财产。

第 16 条　私人生活不受侵犯，对个人存款、电话、邮政、电报或者其他通信予以保密

1. 公民的私人生活、个人与家庭秘密受到法律保护。任何人都享有对个人存款与储蓄、电话、邮政、电报或其他通信予以保密的权利。

2. 在刑事案件的诉讼阶段，应当保障任何人的私人（个人与家庭的）生活不受侵犯。对于以上诸项权利的限制，仅在法律规定的条件与程序下可以进行。

3. 除在法律规定的条件下，非经许可，任何人无权收集、存储、利用或者扩散与他人私人生活有关的信息。

4. 对有关人员依据本法典规定的程序获取的私人生活信息，仅在为完成刑事诉讼程序的任务时可以使用。

第 17 条　住宅不受侵犯

居住住宅不受侵犯。违背居住者意愿进入住宅进行的勘验与搜查，仅在法律规定的条件与程序下方可实行。

第 18 条　所有权不受侵犯

1. 法律保护所有权。非经法院判决裁定，不得剥夺任何人的财产。

2. 对行为人存放在银行的存款或者其他财产进行扣押的事项，以及在刑事诉讼行为实施阶段对其进行收缴的事项，仅在本法典规定的条件与程序下可以进行。

第 19 条　无罪推定

1. 任何人都应当被认定为无过错人。如果该人是否在刑事违法行为实施中具有过错的事项依据本法典规定的程序未予证明，亦或未经法院已经生效的刑事案判决所确定。

2. 任何人没有义务证明自己是无罪的。

3. 在不能排除对犯罪嫌疑人、刑事被告人与刑事受审人是否具有过错的怀疑时，应当作出有利于上述人员的解释。在适用刑事法律与刑事诉讼法律时

产生相应怀疑的，应当允许适用有利于犯罪嫌疑人、刑事被告人与刑事受审人的解释。

4. 有罪刑事案判决，不得以假定作为认定的基础。应当通过充足的、具有可采性与可信性的证据总和予以确定。

第 20 条　不得再次提起控诉与进行刑事追诉

任何人不得因同一刑事违法行为被再次追究刑事责任。

第 21 条　在法律与法庭面前地位平等原则基础上实施司法审判权

1. 以所有人在法律与法庭面前地位平等原则为基础实施司法审判权。

2. 在刑事诉讼程序的实施阶段，任何人不得因出身、社会地位以及职务与财产状况、性别、种族、民族、语言、宗教、信仰、居住地或者其他任何情况遭受歧视。

3. 对于享有免予刑事追诉特权或者豁免权的人员，刑事诉讼程序的实施条件应当由《哈萨克斯坦共和国宪法》、本法典、哈萨克斯坦共和国核准加入的法律与国际条约予以确定。

第 22 条　法官的独立性

1. 法官在实施司法审判时独立自主，仅受《哈萨克斯坦共和国宪法》与法律的约束。

2. 不得对法院的司法审判活动实施任何干预。干预法官履行司法审判权活动的，应当承担相应的责任。法官不负责管辖对特定案件的审理。

3. 对法官独立性的保障由《哈萨克斯坦共和国宪法》以及其他法律予以确定。

第 23 条　在控辩双方辩论与地位平等原则基础上实施诉讼程序

1. 刑事诉讼程序应当在控辩双方两造辩论与地位平等原则的基础上实行。

2. 刑事追诉、刑事辩护以及法院对刑事案件的审理，应当彼此分离，各自独立，并由不同的机关与公职人员负责实行。

3. 对有关行为人是否在刑事违法行为中具有过错的问题予以证明的责任，以及对其辩护理由予以反驳的责任由刑事追诉机关承担。在法院的审理阶段——由公诉人或者刑事自诉人承担。

4. 辩护人应当使用所有法律规定的方法与手段为犯罪嫌疑人、刑事被告人、刑事受审人、被裁定有罪人以及被宣告无罪人进行辩护。

5. 法院不是刑事追诉机关，不为控诉方或者辩护方做辩护。除代表本身的法律利益之外，不代表任何方面的利益。

6. 法院应当保持客观性与公正性，应当为控辩双方履行自身的诉讼责任，实现对其赋予的权利创造必要条件。

7. 参与刑事诉讼程序的控辩双方权利平等,即控辩双方依据《哈萨克斯坦共和国宪法》与本法典规定,均有平等机会坚持自己的立场。法院仅可依据相应证据作出诉讼判决,在保证控辩双方地位平等的基础上审查证据。

8. 控辩双方,在刑事诉讼程序实施阶段选择自己的立场、方法与手段,以使其独立于法院、其他机关或者人员之外。法院根据控辩双方的申请并依据本法典规定的程序,为控辩双方获取必要的资料提供协助。

9. 公诉人与刑事自诉人可以对确定的人员实施刑事追诉,或者在法律规定条件下拒绝实施刑事追诉。犯罪嫌疑人、刑事被告人、刑事受审人可以主动否认本人的过错或者承认本人的过错,亦或同刑事被告人和解,亦或签订诉讼协议以及依据调解程序达成和解的协议。刑事附带民事诉讼原告人有权放弃诉讼或者同刑事附带民事诉讼被告人签订和解协议。刑事附带民事诉讼被告人有权承认控诉或者同刑事附带民事诉讼原告人签订和解协议。

10. 法院保障控辩双方参与第一审审级与第一上诉审审级案件审理的权利。刑事受审人与其辩护人以及其他刑事诉讼程序参与人,允许参与第二上诉审程序案件的审理,在根据新发现的情节进行案件审理亦或在对有关刑事案判决执行问题进行处理的情况下。在法院对每一起刑事案件进行审理时,应当由公诉人或者刑事自诉人代表控诉方出庭。其他情况下,当控辩双方应当参与案件审理时,由法院依据本法典规定的程序确定。

[本条第 10 款规定依据哈萨克斯坦共和国 2015 年 10 月 31 日第 378－Ⅴ号法令修订(自 2016 年 1 月 1 日生效)。]

第 24 条　对案件情节进行全面、完整与客观地审查

1. 法院、检察官、侦查官、调查官应当采取所有法律规定的措施以便全面、完整与客观地对正确审理刑事案件所必需的,以及充足的案件情节进行审查。

这种情况下,法院应当使用本法典规定的规则对案件现有的,以及递交的证据进行审查。法院无权自主决定是否收集补充证据以便消除审前调查的不完整性。

2. 刑事追诉机关,应当对案件的事实材料予以查明,并在此基础上确定对案件审理具有意义的情节。

3. 审理案件的法院,应当保持客观性与公正性,为控辩双方创造必要条件以便在全面、完整地审查案件情节的基础上实现他们的权利。

4. 对于就案件现有的,以及控辩双方当庭递交的证据,在审查的必要性与足够性问题上,法院不受控辩双方意见的约束。但是,本法典第 380 条第 2 款规定的情节除外。

5. 无论是犯罪嫌疑人、刑事被告人、刑事受审人被揭发的有罪情节还是

被证实的无罪情节，亦或减轻或者加重其刑事责任与刑罚的情节，都应当属于案件中应当查明的情节。刑事诉讼程序主导机关应当对所有有关犯罪嫌疑人、刑事被告人、刑事受审人无罪或者减轻其过错程度的，以及有关证实上述人员无罪或者减轻其刑事责任的申请，亦或有关在收集与确认证据过程中适用的侦查方法不合法的申请进行审查。

第 25 条　依据内心确信评价证据

1. 法官、检察官、侦查官与调查官根据法律与良心的引导对汇总的证据进行审查。在此基础上，依据内心的确信评价证据。

陪审团成员根据良心的引导对汇总的证据进行审查。在此基础上，依据内心的确信评价证据。

2. 任何证据均不具有事先确定的效力。

第 26 条　保障犯罪嫌疑人、刑事被告人的辩护权

1. 犯罪嫌疑人、刑事被告人，有权获得辩护。上述人员可以依据本法典规定的程序自行行使辩护权，亦或借助辩护人、法定代理人的帮助行使。

2. 刑事诉讼程序主导机关，应当向犯罪嫌疑人、刑事被告人解释其所享有的权利，并应保障上述人员可以使用所有法律不予禁止的方法对其所涉嫌或者被控诉的事项进行辩护的可能性。并应采取相应措施保护上述人员的人身权利与财产权利。

3. 在本法典作出规定的情况下，刑事诉讼程序主导机关应当保障犯罪嫌疑人、刑事被告人能够参与案件审理。

4. 犯罪嫌疑人、刑事被告人的辩护人与法定代理人参与刑事诉讼程序的，不妨碍犯罪嫌疑人、刑事被告人所应享有的权利。

5. 犯罪嫌疑人、刑事被告人，不应被强制进行供述、向刑事追诉机关提供各种材料以及对其提供任何协助。

6. 在刑事案件的审理阶段，对于被控诉共同实施刑事违法行为的人员，应当保留同犯罪嫌疑人、刑事被告人一样的辩护权。

第 27 条　保障获得专业法律救助的权利

1. 在刑事案件的诉讼程序阶段，任何人都享有依据本法典规定的程序获得专业法律救助的权利。

2. 在法律作出规定的情况下，法律援助应当无偿提供。

第 28 条　免予作证的义务

1. 任何人没有义务违背本人、其男性配偶（女性配偶）以及本法典规定范围内的其他近亲属的利益进行供述。

2. 对于向其忏悔的人员，神职人员没有义务作出有违该人利益的证明。

3. 在本条第 1 款与第 2 款规定条件下，上述人员有权拒绝进行供述，并不得因此承担任何责任。

第 29 条　公开性

1. 在所有的法院以及所有的司法审级都应公开审理刑事案件。对法庭审理公开性的限制，仅允许在下述情况下，当公开审理刑事案件的事宜与保护国家机密或者法律保护的其他秘密具有冲突时才可以进行。

刑事案件在非公开法庭审理的事宜，仅允许根据法院就相关未成年行为人实施的刑事违法行为案件，以及就性侵害犯罪或者其他为防止泄露有关刑事案件诉讼程序参与人私密生活信息的案件作出的合理裁决进行。亦或应当对刑事案件的审理要求保护刑事被害人、证人或者其他刑事诉讼程序参与人人身安全，以及上述人员家属或者近亲属人身安全的。在非公开的法庭审理中，预审法官同样可以对下述申诉进行审理，即就刑事追诉机关的行为（不作为）或者判决提起的。

2. 在非公开审判庭审理刑事案件时，应当遵循本法典规定的所有规则。

3. 法院下达的刑事案判决或者就该案件作出的裁决，在所有情况下都应当公开宣读。在不公开审判庭审理的案件，仅对刑事案判决的前言部分与结论部分进行公开宣读。

第 30 条　刑事诉讼程序语言

1. 哈萨克斯坦共和国的刑事诉讼程序，应当使用哈萨克斯坦共和国本国语言进行。在诉讼程序阶段，俄语与哈萨克斯坦共和国本国语言可以同等使用。必要时，可以使用其他类别的语言进行。

2. 刑事诉讼程序主导机关，在必须使用俄语或者其他语言审理刑事案件时，应当作出有关变更刑事诉讼程序语言的裁决，该裁决应当对变更刑事诉讼程序语言的合理性根据进行说明。

3. 对于参与刑事案件审理的人员，不知晓或者不能够充分使用在案件审理时应当使用的诉讼程序语言的，应当依据本法典规定的程序，向其说明并保障享有在法庭上使用本民族语言或者其所知晓的其他语言进行声明、作出解释与供述、递交申请、提起控诉、对案件材料进行阅卷并进行阐述等权利，以及有权无偿接受翻译的服务。

4. 对于刑事诉讼程序参与人，应当保障无偿将刑事案件中使用其他语言表述的必要材料翻译成刑事诉讼程序应用语言的形式。对于参与法庭审理程序的人员，应当对其保障无偿将法庭辩论中使用其他语言进行庭审辩论的内容翻译成诉讼程序应用语言的形式。

5. 刑事诉讼程序主导机关，对于依照本法典规定的程序应当向刑事诉讼程序参与人交付的相应文件，保障使用诉讼程序语言对其交付。对于不知晓刑事诉讼程序应用语言的参与人，应当随附相应已予核证的、经由上述人员指定使用的诉讼程序语言进行记述的文件副本。

第31条　对诉讼行为与司法判决进行申诉的自由

1. 对于法院与刑事追诉机关的行为与决定，可以依据本法典规定的程序提起申诉。

2. 任何被裁定有罪人、被宣告无罪人，都有权向上级法院提出申请，要求依据本法典规定的程序对刑事案判决进行再次审理。

3. 不得递交会对上诉者造成损害的上诉，亦或有利于被上诉者的上诉。

韩　　国

韩国刑事诉讼法[*]

第一章　总　　则

第四节　辩　　护

第30条　（有权委托辩护的人）

①被告人或犯罪嫌疑人有权委托辩护人。

②被告人或者犯罪嫌疑人的法定代理人、配偶、直系亲属、兄弟姐妹可独立委托辩护人。［修订 2005.3.31，法律第 7427 号（民法）］［实行日 2008.1.1］

第五节　裁　　判

第37条　（判决、决定、命令）

①判决应依据口头辩论作出，但法律另有规定的除外。

---

* 本法于1954年5月30日由大韩民国国会批准，1954年9月23日实施。最近一次修正时间是2016年1月6日。本译本根据大韩民国法制处官网提供的韩语文本翻译。

②决定或命令可以不经口头辩论直接作出。
③必要情况下，可先进行事实调查再作出决定或命令。
④前款的事实调查，可以命令合议庭成员进行，也可以委托其他地区法院法官进行。

第六节　文　书

第 47 条　（诉讼文书的不公开）

有关诉讼的文书在开庭前不得公开，除非有公益性需要或其他相当理由。

第十二节　询问证人

第 148 条　（近亲属的刑事责任和拒绝作证）

任何人均可以拒绝作出有可能使自己或下列各项人员受到刑事追诉、被提起公诉、受有罪判决的证言：［修订 2005.3.31，法律第 7427 号（民法）］［实行日 2008.1.1］

1. 亲属、曾有亲属关系的人；
2. 法定代理人、法定监护人。

第 149 条　（业务秘密和拒绝作证）

辩护人、专利律师、公证人、注册会计师、税务师、代书人、医生、中医、牙科医师、药剂师、药商、助产师、护士、宗教执业人士或者曾经从事上述职业的人，可以拒绝作因业务关系而得知的涉及他人隐私的证言。但是，该他人同意或因重大公共利益必要时除外。

［修订 80.12.18，97.12.13］

第十四节　口译和翻译

第 180 条　（口译）

不通晓国语者陈述时，应当为其提供口译人员口译。

第 181 条　（聋、哑人的口译）

聋、哑人陈述时，可以为其提供口译人员口译。

第 182 条　（翻译）

对于非本国语言的文字或符号应当进行翻译。

第 183 条　（准用规定）
全节的规定准用于口译和翻译。

第二章　第　一　审

第一节　侦　　查

第 198 条　（遵守事项）
①针对犯罪嫌疑人进行的侦查，以犯罪嫌疑人不在羁押状态下实行为原则。
②检察官、司法警察官吏及其他履行与侦查有关职务的人，应当尊重犯罪嫌疑人及其他人的人权，严守在侦查过程中知悉的秘密，防止发生有碍侦查的事件。
③检察官、司法警察官吏和其他履行与侦查有关职务的人，应当为在侦查过程中制作、取得的文件或者物品制作目录。
［新设 2011.7.18］［实行日 2012.1.1］
［专门修订 2007.6.1］［实行日 2008.1.1］

第二节　公　　诉

第 246 条　（国家追诉主义）
公诉，由检察官提起并实行。

第三章　公　　审

第一节　公审准备与公审程序

第 267 条之二　（集中审理）
①公审日的审理应当集中、不中断进行。
②进行审理需要两天以上时间的，除有特殊情况外，每天均应当进行审理。
③裁判长可以一并确定数个公审日。
④因特殊情况裁判长无法每天均进行审理时，应当在上一次公审日起的 14 日内，确定下一次公审日期。

⑤诉讼关系人应当遵守公审日期时间,违背公审日期对审理产生障碍的,裁判长可以采取适当的必要措施。

[本条新设] [实行日 2008.1.1]

第 275 条之二　（被告人的无罪推定）

在法院作出有罪判决前,被告人被推定为无罪。

[本条新设 80.12.18]

第 275 条之三　（口头辩论主义）

公审法庭上的辩论应以口头方式作出。

[本条新设 2007.6.1] [实行日 2008.1.1]

大韩民国宪法*

（1948 年 7 月 12 日通过,1987 年 10 月 29 日全面修改
并经全民投票通过,1988 年 2 月 25 日生效）

第二章　国民的权利和义务

第 12 条　①国民享有人身自由。未经法律许可,任何国民都不受逮捕、拘禁、搜查、扣押或审讯；未按照法律和合法程序,不受处罚、保安处分或强制劳役。

②国民不受刑讯,不得被强迫作出刑事上不利于自己的陈述。

③逮捕、拘禁、搜查或扣押应按正当程序,根据检察官的申请,提供法官签发的令状。但现行犯和犯有相当于 3 年以上长期徒刑的犯罪并在逃或有毁灭证据可能的,可在事后申请令状。

④国民有在受到逮捕或拘禁时迅速得到辩护人帮助的权利。但刑事被告人不能自行选任辩护人时,国家依法指定辩护人。

⑤国民在未被告知逮捕或拘禁理由并被告知享有取得辩护人帮助的权利的情况下,不受逮捕或拘留。应及时向其亲属等法律规定的人士通知逮捕或拘留的理由和时间、场所。

⑥国民在受到逮捕或拘禁时,有依法向法院请求合法性审查的权利。

⑦当确认被告人的口供是出于刑讯、暴力、胁迫、拘禁的不当手段的长期

---

*　文本来源于韩国宪法法院网站。

化或以欺骗等方法获得而非自愿供述的；或在正式审判中，仅依据被告人不利己的口供为惟一证据时，不得将其作为有罪证据或据此科以处罚。

第 13 条　①国民的行为除按当时的法律规定为犯罪的外，不因其同一犯罪而受到重复处罚。

②国民不因溯及立法而被限制参政权或被剥夺财产权。

③国民除自己的行为外，不因其亲属的行为而受到不利待遇。

第 27 条　①依照宪法和法律的规定，国民享有受法官依法裁判的权利。

②非军人或军务人员的国民，在大韩民国境内，除犯有与重大军事机密、哨兵、哨所、提供有毒食物、俘虏、军用物品有关的罪行，以及除法律规定或宣布紧急戒严外，不受军事法院的审判。

③国民享有迅速接受审判的权利。除有充分理由，刑事被告人享有不拖延地得到公开审判的权利。

④刑事被告人在被判为有罪之前，应推定为无罪。

⑤刑事被害人根据法律规定可在有关事件的审判过程中进行陈述。

马来西亚

马来西亚刑事诉讼法典*

第一编　导　　言

第 一 章①

第 3 条　根据刑法典和其他法律进行审判

刑法典规定的以及其他法律所规定的所有犯罪行为都要求根据以下的规定进行审讯：必须根据目前正在生效的、书面明确规定的规范这些犯罪的审讯方式以及审讯场所的法律进行。

---

* 本法典于 1935 年由马来西亚海峡殖民地立法议会批准并实施。最近一次修正时间是 1999 年 4 月 4 日。本译本根据马来西亚议会官网提供的英语文本翻译。

①　无标题，原文如此。——译者注

第 4 条　高等法院的权力保留

对此法典任何规定的解读都不应减损高等法院的权力或者司法管辖权。

第 5 条　英国法的适用

如果此法典或者其他现行有效的法律没有特殊规定，涉及刑事诉讼法相关事项的，只要不存在冲突或者不一致的地方，那么英国法中与刑事诉讼相关的法律可以一律适用，并且补充此法典的内容。

第六编　公诉程序

第二十四章　法庭审理的一般规则

第 255 条　被告人有权获得律师辩护

依据法律明文规定，任何在刑事法庭被指控犯罪的人均有权获得律师辩护。

第二十六章　判　　决

第 273 条　宣判方式

初审刑事法庭所作的判决应当当庭公开宣判，或者在告知当事人或者其辩护人后择期宣判。被告人被羁押的应当被带至法庭，未被羁押的应当出席法庭听取宣判。被告人有出席法庭豁免权且仅对其判处罚金刑的，可以不出庭听取宣判。

第二十九章　先前的无罪或有罪裁决

第 302 条　禁止重复追诉

（1）因涉嫌犯罪受到有管辖权的法院的审判，并已经作出有罪或者无罪裁决的，任何人不得因同一罪名或者基于相同事实的其他罪名再次受到审判，即便本可以根据本法第 167 条对其提起指控或者依据第 167 条作出有罪判决。

（2）作出无罪或者有罪裁决后发现其另有其他罪行，依据本法第 165 条第 1 款的规定本应在先前审判中提起指控的，也可以对其进行审判。

（3）有罪裁定所认定的罪行与该行为所引起的结果共同构成新的犯罪，且作出有罪裁定时该结果尚未出现或者虽已出现但法院却无从知晓的，法院可就新的犯罪进行审判。

（4）尽管已经就某一行为作出无罪或者有罪裁决，如果最初审理该案的法院不适合审理后续的指控的，该人仍可能因其同一行为所涉嫌的其他罪名而受到指控和审判。

（5）本条所指的无罪裁定不包括撤回控告及起诉。

举例

（a）A因涉嫌公务盗窃被指控，经审理宣告无罪的，无罪宣告有效期间不得因相同的事实再次以公务盗窃、盗窃或者违反信赖利益的刑事罪名对其提出指控。

（b）A因涉嫌谋杀被指控，经审理无罪释放，虽然没有被指控涉嫌抢劫，但有证据证明其在谋杀过程中实施了抢劫的，仍可以涉嫌抢劫罪对其进行指控。

（c）A因涉嫌严重故意伤害而被审理并宣告有罪。受害人随后死亡的，可以以A涉嫌杀人罪而再次审理。

（d）A经审理被判定对B实施了杀人罪的，不得因同样的事实以A对B犯有谋杀罪为由再次审理。

（e）A因涉嫌故意伤害B被指控并宣告有罪的，除非存在本条第3款规定的情形，不得因同样的事实以A涉嫌严重故意伤害罪为由再次审理。

马来西亚联邦宪法[*]

（1957年7月11日联邦议会通过，
1957年8月31日生效）

第二编　基本自由权

第7条　刑法不溯及既往和不重复审判的保障

（1）禁止以行为时法律未规定为犯罪的作为或者不作为处罚任何人，禁止以重于行为时法律规定的刑罚处罚行为人的犯罪行为。

（2）凡被宣告无罪或者被认定有罪的人，不得因同一犯罪被再次审判，除非上级法院推翻原判并下令重审。

---

[*] 文本来源于马来西亚总检察长办公室官方网站。

日　本

刑事诉讼法[*]

第一编　总则（第1条—第188条之7）

第十一章　询问证人（第143条—第164条）

第144条　公务秘密与证人资格

对公务员或者曾任公务员的人得知的事实，本人或者该管公务机关声明是有关职务秘密的事项时，非经该管监督官厅的承诺，不得作为证人进行询问。但该管监督官厅，除有妨害国家重大利益的情形以外，不得拒绝承诺。

第146条　拒绝证言权

任何人，都可以拒绝提供有可能使自己受到刑事追诉或者受到有罪判决的证言。

第147条　拒绝证言权

任何人，都可以拒绝提供有可能使下列的人受到刑事追诉或者受到有罪判决的证言：

一、自己的配偶、三代以内的血亲或二代以内的姻亲，或者曾与自己有此等亲属关系的人；

二、自己的后见人、后见监督人或者保佐人；

三、由自己作为后见人、后见监督人或者保佐人的人。

第148条　前条的例外

与共犯或者共同被告人中的一人或者数人有前条关系的人，对仅与其他共犯或者共同被告人有关的事项，不得拒绝提供证言。

---

[*] 本法于1948年（昭和23年）7月10日由日本国会批准，1949年（昭和24年）1月1日实施。最近一次修正时间是2014年（平成26年）6月25日。本译本根据日本法务省官网（http://www.moj.go.jp/）提供的日语文本翻译。

第149条 拒绝证言权

医师、牙科医师、助产士、护士、律师（包括外国法事务律师）、代办人、公证人、宗教职业者或者曾经担任以上职务的人，对由于受业务上的委托而得知的有关他人秘密的事实，可以拒绝提供证言。但本人已经承诺或者拒绝证言可以认为只是为被告人利益而滥用权利（被告人为本人时除外）时，以及具有法院规则规定的其他事由时，不在此限。

第二编 第一审
（第189条—第350条之14）

第二章 公诉（第247条—第270条）

第247条 国家追诉主义

公诉，由检察官提起。

第248条 起诉便宜主义

根据犯人的性格、年龄及境遇、犯罪的轻重及情节和犯罪后的情况，没有必要追诉时，可以不提起公诉。

第三章 公审（第271条—第350条）

第一节 公审准备及公审程序
（第271条—第316条）

第284条 轻微案件与到场

相当于50万元（刑法、关于处罚暴力行为等的法律及关于调整经济关系罚则的法律规定之罪以外的罪，为5万元）以下罚金或者罚锾的案件，被告人在公审期日不需要到场。但被告人可以使其代理人到场。

第285条 到场义务及其免除

相当于拘留的案件的被告人，在宣告判决时，应当在公审期日到场。在其他的场合，如果法院认为被告人的到场对保护其权利无关重要时，可以许可被告人在公审期日不到场。

相当于最高刑期为3年以下的惩役或监禁或者超过50万元（刑法、关于处罚暴力行为等的法律及关于调整经济关系罚则的法律规定之罪以外的罪，为5万元）罚金的案件的被告人，在进行第291条的程序及宣告判决时，应当在公审期日到场。在其他的场合，依照前款后段之例办理。

第 286 条　被告人出庭原则

除前 3 条规定的以外，被告人在公审期日不到场时，不得开庭。

第 311 条　被告人的沉默权、拒绝供述权与质问被告人

被告人可以始终沉默，或者对各项质问拒绝供述。

在被告人自愿作出供述的场合，审判长可以随时就必要的事项要求被告人供述。

陪席法官、检察官、辩护人、共同被告人或者其辩护人，可以在告知审判长后，要求前款的供述。

日本国宪法*（昭和宪法）

（1946 年 10 月 7 日帝国议会通过，
10 月 29 日经天皇裁可，11 月 3 日天皇
正式公布，1947 年 5 月 3 日实施）

第三章　国民的权利与义务

第 31 条

不经法律规定的程序，不得剥夺任何人的生命或自由，或科以其他刑罚。

第 32 条

不得剥夺任何人在法院接受裁判的权利。

第 33 条

除非作为现行犯被逮捕外，如有权的司法机关签发并明示犯罪理由的令状，对任何人均不得加以逮捕。

第 34 条

如不直接讲明理由并立即给予委托辩护人的权利，对任何人均不得加以拘留或拘禁。同时，如无正当理由，对任何人不得加以拘禁，如本人提出要求，必须立刻将此项理由在有本人及其辩护人出席的公开法庭上予以宣告。

第 35 条

对任何人的住所、文件以及持有物不得侵入、搜查或扣押。此项权利，除

---

*　文本来源于日本大使馆提供的中文译本。

第 33 条的规定外,如无依据正当的理由签发并明示搜查场所及扣押物品的令状,不得受到侵犯。

搜查与扣押,应依据主管司法官署单独签发的令状实施。

第 36 条

绝对禁止公务员施行拷问及酷刑。

第 37 条

在一切刑事案件中,被告人均享有接受法院公正、迅速、公开审判的权利。

刑事被告人享有询问所有证人的充分机会,并有使用公费通过强制性程序为自己寻求证人的权利。

刑事被告人在任何场合都可委托有资格的辩护人。被告人本人不能自行委托辩护人时,由国家提供。

第 38 条

任何人均不得被强制作不利于自己的供述。

以强迫、拷问或威胁所得的口供,或经过非法的长期拘留或拘禁后获得的口供,均不得作为证据。

如果对自己不利的惟一证据是本人口供时,任何人均不得被判有罪或科以刑罚。

第 39 条

任何人在其实施的当时为合法的行为或已经被宣判无罪的行为,均不得再追究刑事责任。同时,对同一犯罪行为不得重复追究刑事上的责任。

沙特阿拉伯

沙特阿拉伯刑事诉讼法[*]

第一章 总 则

第 1 条 法院审理案件时须依据经《古兰经》和逊尼派圣训证实的伊斯

---

[*] 本法于 2013 年 11 月 12 日(伊历 1435 年 1 月 8 日)由沙特阿拉伯内阁批准,2013 年 11 月 26 日(伊历 1435 年 1 月 22 日)通过皇家法令颁布。本译本根据沙特阿拉伯内阁官网提供的阿拉伯语文本翻译。

兰教法，审理法官发布的决议不可触犯《古兰经》或逊尼派圣训，法院在审理案件的程序中应遵守本法相关规定。

第2条 不得对任何人执行逮捕、搜查、扣押、羁押等措施，法律另有规定的除外。扣押和羁押应当在特定地点执行，执行期限由相关机关确定。

严禁对犯罪嫌疑人实施肉体或精神的折磨，严禁虐待、侮辱犯罪嫌疑人。

第3条 在经法庭依法审理并判处犯罪嫌疑人有罪前，严禁对其实施刑罚；依法判处犯罪嫌疑人有罪后，可对其执行刑罚。

第4条 1. 在侦查和审讯阶段，犯罪嫌疑人有权委托辩护人。

2. 本法对犯罪嫌疑人的权利作了明确的规定。

第5条 如果案件已向（某一）法院提出，则不可移送其他法院或机构。诉讼双方和诉讼参与人都无权在案件判决前撤诉，诉讼程序自案件开庭之日启动。

第6条 一审法院根据法律规定、依据本法规定的相关程序，负责审判被指控罪行的犯罪嫌疑人。由检察长提出的事实指控无须经过侦查，直接由法院进行审理。

第7条 法官应当指定足额的人员参加量刑等听证会。若人数不足，由法院院长下令主审法官补齐人数；若人数仍然不足，由最高司法委员会主席下令补齐人数。

第8条 参与刑事案件审理和量刑听证会的公民应在秘密的情况下交换审议意见，并在宣判前进行讨论，所有成员都应就案件发表个人意见，只有在意见完全一致或绝大多数一致的情况下才可宣判。少数方应就案件审讯阐明观点和原因，多数方应根据少数方提出的观点阐明本方观点。参加案件听证会的法官不得参与讨论。

第9条 根据本法明文规定，参与刑事案件审理和量刑听证会的公民可对刑事判决结果提出异议。

第10条 上诉法院判处的死刑、石刑、砍刑等类似刑罚只有在最高法院批准后方可生效。

第11条 若最高法院未批准第10条中的判决结果，则应当撤销判决，并发回原审法院重新审理。

第12条 有关未成年人案件的侦查和审理应依据相关法规的规定进行。

第13条 侦查和公诉机关根据相关法规负责对未成年人犯罪案件进行侦查和公诉。

第14条 公共机构的所有人员均应执行司法当局依法发出的指令，司法当局有权采取适当的方式执行指令。

泰 国

泰国刑事诉讼法典[*]

第一编 通 则

第一章 一般规定

第3条 本法典第3条至第5条规定的人员符合上述条文相关条件下可以代表被害人实施如下诉讼行为:

(1) 控告;

(2) 提起刑事起诉或者参加公诉人提起的公诉;

(3) 参加刑事附带民事诉讼;

(4) 撤回与犯罪有关的刑事指控或者民事赔偿主张;

(5) 就可和解犯罪进行和解。

第4条 在刑事案件中,被害人为已婚女性,其有权授权其丈夫决定提起刑事指控。

根据本法第5条第(2)项的规定,丈夫在获得其明确同意的情形下有权代表其妻子提起刑事指控。

第5条 下列人员可以作为被害人的代理人:

(1) 未成年人或者限制行为能力人的法律代表或监护人;

(2) 被害人因犯罪而死亡或者丧失行为能力的,其父母、子女、丈夫或妻子;

(3) 当被害人为法人时,其经理或者其他代表。

第6条 在刑事案件中,无法定代理人的未成年被害人、无监护人的具有精神障碍或者限制行为能力的被害人,或者被害人的法定代理人、监护人,因利益冲突或其他原因无法履行代理职责时,被害人的亲属或其他利害相关人可

---

[*] 本法典于1934年由泰国政府公布,先后经22次修正,最近一次修正案为2008年公布。本译本根据泰国最高法院官网提供的英语文本翻译。

以向法院申请作为被害人的诉讼代理人。

经查明，法院应当指定申请人或者其他同意人员作为被害人的诉讼代理人。无人同意时，法院应当指定一名行政官员作为诉讼代理人。

上述指定程序，法院不得收取费用。

第 7 条 在犯罪嫌疑人或被告人为法人时，侦查官员或者法院应当传唤法人单位的经理或法人代表应诉。

如果法人经理或者代表经传唤不予应诉，可以对其进行拘留，但不得对其适用保释、羁押或者监禁措施。

第 7/1 条 被监管下释放或者羁押的犯罪嫌疑人、被告人有权在第一时间通知或者要求主管机关通知其亲属被拘留人或犯罪嫌疑人已经被拘留的事实或者被拘留的地点，被拘留人或者犯罪嫌疑人有如下权利：

（1）与律师会见并交谈；

（2）律师或者其信任的人在讯问时在场；

（3）在合理时间内接受亲属探视或与亲属联络；

（4）生病时及时就医。

负责管理被拘留人或者犯罪嫌疑人的政府官员或者警官应当第一时间告知被拘留人或者犯罪嫌疑人上述权利。

第 8 条① 从进入起诉阶段开始，被告人享有如下权利：

（1）案件获得及时、连续与公正的审判；

（2）在预审、一审法院、上诉法院或最高法院的审理过程中聘请律师；

（3）与律师或者将要成为其辩护律师的人进行交流；

（4）查阅作为证据的卷宗材料并有权复制或者拍照；

（5）查阅预审或审判期间的卷宗并进行复制，对于复制双方争议部分的卷宗节录应当付费，但相关规定免除费用的除外；

（6）查阅或复制侦查过程中本人的陈述及与陈述有关的文件。

被告人聘请律师的，律师也可以行使上述权利。

公诉人向法院提起公诉的案件，被害人有权行使本条第 1 款的相应权利。

第 9 条 笔录制作的地点、时间以及制作人员的姓名、职位应当在笔录中载明。

当笔录制作人系根据法院命令或者其他官员的要求制作笔录时，该命令或要求的收据及执行情况应当在笔录中载明。

---

① 第 7/1 条与第 8 条分别由刑事诉讼法典修正案（第 22 号）（B.E.2547）第 4 条与第 5 条修改。

笔录制作人应当在笔录上签名。

第 10 条 法庭记录的制作法院名称、地点与制作时间应当在法庭记录中载明。当法庭记录是根据其他法院的命令或者委托制作时，该命令或委托以及执行情况也应当在记录中载明。

制作法庭记录的法官应当在记录上签名。

第 11 条 笔录或者记录应当由制作官员或者法院向作出陈述或者证言的人宣读，如果被宣读人认为需要修改、提出反对意见或者需要补充，笔录或者记录应当相应地修改或者更正，或者如实记录相关异议。被宣读人应当在笔录或者记录后签名确认。

被宣读人不能或者拒绝签名确认的，该事实应当被如实记明。

第 12 条 法院或者行政官员起草的文件，提交给行政官员的控告、举报、辩护意见或者动议应当用墨水书写，使用打印笔体。修正之处应当勾画并重新书写，而不应删除、涂改，作出相应修正的法官、行政官员或个人应当在修改页边缘处签署姓名首字母。

根据本条规定增加的文字应当由作出修改的法官、行政官员或者其他人员签署姓名的首字母确认。

第 12 条 bis① 根据本法的规定参与控告、侦查、预审或者审判的心理医生或者社会工作者应当具有部门规章规定的资格。

上款规定的心理医生或者社会工作者应当根据司法部颁布的规定并经财政部批准，获得相应的补偿。

第 13 条② 刑事案件的侦查、预审和审判使用泰语进行；但如果需要将泰国本地方言、俚语或泰语翻译为外语或者将外语翻译为泰语时，应当提供翻译。

当被害人、犯罪嫌疑人、被告人或证人不通晓泰语、方言或俚语且没有翻译时，侦查人员、公诉人或者法院应当毫无迟延地为其提供翻译。

当被害人、犯罪嫌疑人、被告人或证人为聋哑人且无手语翻译时，侦查人员、公诉人或者法院应当为其提供手语翻译或者通过其他适当的方式对其进行提问、回答其问题并与其交流。

翻译人员在翻译答辩、证言或者其他事项时必须准确，翻译人员应当口头宣誓或者声明将认真负责地履行职责，不会增加个人观点或者曲解原意。

翻译人员应当在翻译文件上签字确认。

侦查人员、公诉人、法院根据泰国国家警察局、内政部、司法部、检察总

---

① 第 12 条 bis 由刑事诉讼法典修正案（第 20 号）（B. E. 2542）第 3 条的规定增加。

② 第 13 条由刑事诉讼法典修正案（第 28 号）（B. E. 2551）第 3 条修改。

长或法院办公室的相关规定，经财政部批准，应当向翻译人员支付补贴、交通和住宿费用。

第 14 条 在侦查、预审、审判过程中，有理由认为犯罪嫌疑人或被告人有精神障碍且难以进行辩护时，侦查人员或者法院应当指定医生对其进行检查。检查后，医生应当被传唤就检查结果进行陈述或者作证。

侦查人员或者法院认为犯罪嫌疑人、被告人为精神障碍者且难以进行辩护时，应当中止侦查、预审或者审判，直至他精神障碍的情形消失或者恢复辩护能力。侦查人员或者法院可以将上述犯罪嫌疑人、被告人送至精神病院或者交其监护人、府长或者其他任何愿意履行监护职责的人。

根据上款规定中止预审或审判的案件，法院可以决定将该案件从案件管理系统中暂时移除。

第 15 条 本法典未加规定的程序事项可以参照《民事诉讼法典》的相关条款。

第六编 侦查程序

第二章 侦查程序

第一节 普通侦查程序

第 135 条[①] 禁止侦查人员对犯罪嫌疑人进行欺骗、威胁或承诺以引诱其作出任何不利于自己的特定供述。

第 147 条 若已经作出不起诉决定，同一事实基础上的犯罪嫌疑人应当禁止被再次侦查，除非案件有新证据可能导致对犯罪嫌疑人的定罪。

第九编 证 据

第二节 言词证据

第 232 条 被告人不得成为控方证人。

第 233 条[②] 被告人可以决定自己成为证人。当被告人自己作证时，法庭

[①] 第 135 条由刑事诉讼法典修正案（第 22 号）（B.E.2547）第 40 条修正。
[②] 第 233 条由刑事诉讼法典修正案（第 28 号）（B.E.2551）第 16 条修改。

可以允许其在其他被告人的证人面前作证。如被告人的证言指证其他被告人有罪，或对其他被告人不利，其他被告人可以进行交叉询问。

如被告人所作证言可以用于确认某被告人有罪，法庭可以采纳其证言为控方的次要证据。

土库曼斯坦

土库曼斯坦刑事诉讼法典[*]

总　　则

第一编　基本原则

第二章　刑事诉讼程序的任务与原则

第 8 条　刑事诉讼程序的原则与意义

1. 刑事诉讼程序的原则，是指法典在本章规定中所列明的，具有基石性并对每一起刑事案件诉讼程序是否具有正确性与合法性予以确定的原则。

2. 刑事诉讼程序的意义在于：在对该刑事诉讼程序予以违反的情况下，鉴于该违反的性质与实质，导致相应刑事案件的诉讼程序会被认定为是无效的诉讼程序，以及撤销在该诉讼程序阶段下达的判决，亦或认定在这种情况下收集的材料不再具有证明的效力。

第 9 条　合法性

1. 调查机关、调查官、侦查官、检察官与法院，在刑事案件的诉讼程序阶段应当严格遵守本法典规定的要求。

2. 刑事追诉机关、法院，在刑事案件的诉讼程序阶段不得违反法律，若是违反则应当承担法律规定的责任。这种情况下作出的非法命令，应当认定为是无效的命令并应予以撤销。

---

* 本法典于 2009 年 4 月 18 日由土库曼斯坦议会核准颁布，最近一次修正时间是 2014 年 5 月 3 日。本译本根据土库曼斯坦议会官方网站提供的土库曼斯坦语与俄语文本翻译。

第 10 条　司法管辖权仅由法院行使

1. 在土库曼斯坦领域内，对刑事案件的司法管辖权仅可以由法院履行。非法侵占法院司法管辖权的，无论任何人均应承担法律规定的责任。

2. 在尚未根据法院下达的刑事案判决予以确定的情况下，任何人不得被认定为在犯罪实施中具有过错并受到刑罚的处罚。

3. 法院的司法管辖权、该管辖权的界限、在刑事诉讼程序中履行该管辖权的规则等事宜，应当由法律予以确定，不得随意变更。为审理刑事案件而组建特别法庭或其他具有法院职能的分支机构，无论采取什么名义进行都必须予以禁止。

4. 履行刑事诉讼程序的法院，对于不属于其管辖范围内的刑事案件，逾越职权范围或者通过采用其他方式违反本法典规定的刑事诉讼程序原则作出的刑事案判决或者其他判决，应当认为属于非法，并应予以撤销。

5. 法院就刑事案件下达的刑事案判决或者其他判决，相应法院仅可以依据本法典规定的程序对其进行审核或者再次审理。

第 11 条　对人的权利与自由进行司法保护

1. 任何人，对于自己的权利与自由都有权得到司法保护。

2. 在法律规定的条件与程序下，国家应当保障刑事被害人能够诉诸法律并对其遭受的损害予以赔偿。

第 12 条　尊重他人的人身名誉与人格尊严

1. 在刑事案件的诉讼程序阶段，禁止实施或者下达有损刑事诉讼程序参与者人身名誉、降低刑事诉讼程序参与者人格尊严的行为或者判决，禁止收集、使用与扩散有关他人私人生活的信息，以及行为人认为必须保护的私人身份信息，并将其用于非本法典规定的目的。

2. 鉴于刑事诉讼程序主导机关的非法行为而导致对他人造成损害的，应当依据法律规定的程序予以赔偿。

第 13 条　人身权利的不受侵犯性

1. 任何人都享有人身自由与人身权利的不受侵犯性。非经本法典规定的根据与程序，任何人不得因涉嫌实施犯罪被羁押、监禁或者通过采取其他的方式剥夺自由。

2. 对于任何被羁押的人员，应当立即告知受到羁押的根据，以及对其涉嫌实施或者被控诉实施的相应犯罪所作出的认定。

3. 法院、检察官应当立即免除被非法羁押或者监禁的，亦或被非法安置于医疗机构，亦或超过本法典或者刑事案判决规定期限的被拘留人员。

4. 任何人，参与刑事诉讼程序的，不得遭受暴力、残酷的或者有辱人格尊严的处遇。

5. 任何人，不得被强制参与对其生命或者健康具有危险的诉讼行为。违反人身不受侵犯性的诉讼行为，仅在本法典规定的条件与程序下，可以违背行为人或者其法定代理人的意志进行。

6. 对适用监禁作为强制性处罚措施的，以及对涉嫌实施犯罪被羁押的行为人所采取的拘留，应当在排除对其生命与健康造成危险的条件下执行。

7. 鉴于在对生命与健康造成危险的条件下实施非法剥夺自由、拘留而导致他人遭受侵害的，以及对其进行残酷对待进而导致他人遭受损害的，应当依据本法典规定的程序予以赔偿。

第 14 条　在刑事案件的诉讼程序阶段对人的权利与自由予以保护

1. 主导刑事诉讼程序的机关，应当保护刑事诉讼程序参与者的权利与自由，为实现该权利与自由创造条件。应立即采取措施以便满足刑事诉讼程序参与者的合法要求。

2. 在刑事案件的诉讼程序阶段，因侵害他人权利与自由而导致该人遭受侵害，应当依据本法典规定的根据与程序予以赔偿。

3. 在下述情况下，当具有足够根据认为，对于刑事被害人、证人或者其他刑事诉讼程序的参与者，以及上述人员的家庭成员或者其他近亲属具有遭受死亡、暴力、财产损毁亦或其他违法行为的危险时，主导刑事诉讼程序的机关，应当在自己的管辖权内采取所有法律规定的措施，以便保护上述人员的生命、健康、荣誉、尊严与财产。

第 15 条　私人生活的不受侵犯性，对通信、电话通话、邮件、电报，以及其他通过互联网传播的信息应予保密

人们的私人生活、个人与家庭秘密应当受到法律保护。任何人都有权对私人储蓄与存款、通信、电话通话、邮件、电报以及其他通过互联网或者其他通信工具传输的信息予以保密。在刑事诉讼程序的实行阶段，仅允许在法律直接予以规定的条件与程序下对上述权利进行限制。

第 16 条　住宅的不受侵犯性

1. 住宅不受侵犯。在刑事案件诉讼程序的实行阶段，任何人无权违反住宅不受侵犯性的原则。非经法律直接予以确定的根据，任何人的住宅不得被剥夺。在下述情况下，住宅受到违法侵害的，相应人员有权就此对住宅进行保护。

2. 同进入居住区域有关的诉讼行为，仅可以依据本法典规定的根据与程序进行。

第 17 条　私有权的不受侵犯性

1. 私有权的不受侵犯性由法律予以保障。非经法院判决确定，任何人不得被剥夺所有权。

2. 对个人在银行的存款或者其他财产予以扣押，以及在诉讼行为实施阶段对其进行收缴的事宜，仅在本法典规定的条件与程序下可以实行。

第 18 条　无罪推定

1. 在下述情况下，当行为人于犯罪实施中是否具有过错的问题尚未依据本法典规定的程序，以及法院产生法律效力的刑事案判决予以确定之前，任何人都应当被认定为无罪。

2. 在对刑事被告人是否具有过错的疑问尚未消除的情况下，应当作出对其有利的解释。有利于刑事被告人解释的原则，同样可以在适用刑事法律与刑事诉讼法律存在疑问的情况下适用。

3. 任何人没有义务证明自己的过错。在缺乏其他证据的情况下，仅依靠在认定是否具有过错时获取的部分证据，不能确定该人具有过错。

4. 宣告有罪的刑事案判决，不得以推测为基础，应当通过足够可信的证据链条予以确定。

5. 在司法审判阶段，不应当审查与使用通过非法手段收集的、来历不明的证据。

第 19 条　禁止重复进行刑事追诉与判处刑罚

非经本法典直接予以确定的根据，任何人不得因同一犯罪行为重复受到刑事追诉与刑罚裁处。

第 20 条　遵循公民在法律与法庭面前人人地位平等的原则进行司法审判

1. 司法审判应当遵循法律与法庭面前人人地位平等的原则进行。对于享有刑事追诉豁免权的人员，对其适用刑事诉讼程序的条件，应当由《土库曼斯坦宪法》、本法典以及土库曼斯坦的法律与国际条约予以确定。

2. 在刑事诉讼程序的运行阶段，任何人不得因出身、社会地位、财产与职务状况、民族、种族、性别、教育程度、语言、宗教信仰、政治信仰、居住地或者其他状况受到任何歧视。

第 21 条　法官地位独立并且只服从法律

在对刑事案件进行审判时，法官与法院陪审员地位独立，只接受法律的约束与内心信仰的引导。不得对法官的活动进行任何干预，对法官活动予以干预的，应当根据法律承担责任。

第 22 条　在控辩双方两造辩论与地位平等基础上进行司法审判

1. 刑事案件的诉讼程序，应当在控辩双方两造辩论与地位平等的基础上进行。

2. 刑事追诉、辩护与法院的刑事案件审理各自独立，上诉行为由各机关与公职人员分别实行。

3. 对刑事受审人所受控诉进行举证的责任由国家公诉人承担。

4. 律师应当采取所有法律规定的方式与手段为刑事受审人进行辩护。

5. 法院不是刑事追诉机关,不应当基于控诉方或者辩护方的立场发表意见,除法律利益之外,法院不应当代表任何一方的利益。

6. 法院在保持客观性与公正性的同时,为控辩双方履行其责任、实现其权利创造必要的条件。

7. 参与刑事诉讼程序的控辩双方地位平等。《土库曼斯坦宪法》与本法典为控辩双方在平等基础上坚持自己的立场确定相应的可能性。法院下达的诉讼判决,仅可以依据控辩各方在平等基础上参与审查的相应证据为基础。

8. 在刑事诉讼程序阶段,控辩双方可以独立于法院、其他机关或者人员选择自己的立场,以及坚持该立场的方法与手段。法院根据控辩双方的申请,并依据本法典规定的程序为控辩双方获得刑事案件所需材料提供协助。

第23条 全面、完整与客观地审查刑事案件情节

1. 调查官、侦查官、检察官与法院,应当采取所有法律规定的措施,以便能够全面、完整与客观地审查刑事案件的情节,查证揭发犯罪嫌疑人、刑事被告人与刑事受审人的情节,认定上述人员无罪的情节,以及减轻或者加重上述人员刑事责任的情节。

2. 调查官、侦查官与检察官无权将举证责任推到刑事被告人身上。

3. 禁止使用暴力、胁迫或者其他非法手段获取犯罪嫌疑人、刑事被告人、刑事受审人与其他刑事诉讼程序参与者的供述。

第24条 对辩护权的保障

1. 犯罪嫌疑人、刑事被告人、刑事受审人、被判处有罪人与被宣告无罪人,应当保障其进行辩护的权利。该权利依据本法典规定程序可以由上述人员自行行使,也可以借助律师、法定代理人的帮助行使。

2. 调查官、侦查官、检察官与法院,应当为犯罪嫌疑人、刑事被告人、刑事受审人、被判处有罪人与被宣告无罪人创造可能性,以便根据法律规定的方式与方法就向其提起的控诉进行辩护,并应保障上述人员的个人权利与财产权利。

第25条 免予作证的义务

1. 任何人没有责任作出有违自己与近亲属利益的供述。通过对身心造成影响的结果而获得的,以及通过其他非法手段而获得的证据,应当认定为是不具有法律效力的证据。

2. 在本条第1款规定的情况下,上述人员有权拒绝作出供述,并不得因此被追究任何形式的责任。

第 26 条　获取法律帮助

在刑事案件的诉讼程序阶段，任何人都有依据本法典规定获得法律帮助的权利。

第 27 条　法庭审理的公开性

1. 所有法院在审理刑事案件时都应公开，但以下情况除外，即当刑事案件的公开审理与保护国家的机密相违背时。

2. 为防止泄露同刑事诉讼程序参与者生活方面亲密关系有关的信息，属于法庭不公开审理的事宜，仅允许根据法院或者法官具有充分理由的裁定或者裁决进行，亦或对有关未成年行为人实施犯罪的刑事案件，亦或涉及性侵害犯罪的刑事案件，以及其他刑事案件进行。在法院不公开审判庭上进行刑事案件听证的，应当遵守法庭在案件的不同审理阶段规定的所有规则。

3. 法院在案件审理阶段下达的刑事案判决及其他判决，在任何情况下都应当公开宣布。

第 28 条　刑事诉讼程序中的应用语言

1. 土库曼斯坦的刑事诉讼程序，应当使用国家官方语言进行。

2. 刑事诉讼程序的参与者，未掌握诉讼程序语言的，应当保障该人能够使用本民族的语言或者其所掌握的其他语言，或者依据本法典规定程序使用翻译服务以便保障其提出请求、作出解释与供述、递交申请、提起上诉、了解所有刑事案件材料，以及在法庭上发言的权利。

3. 侦查文件与法庭文件，依据本法典规定的程序，应当翻译成刑事被告人、被判处有罪人的本民族语言或者其他上述人员所掌握的语言，并对其交付。

第 29 条　对诉讼行为与判决进行申诉以及提起申请的自由

1. 对于法院与刑事追诉机关下达的或者采取的判决与行为，可以依据本法典规定的程序提起申诉。

2. 不得受理对递交上诉者有害的上诉，亦或对下述人员有害的上诉，曾经就涉及该人利益的问题提起过上诉的。

3. 任何被判处有罪的人员，都有权依据本法典规定的程序要求法院下达的刑事案判决进行重新审理，以及提出申请要求赦免亦或减轻刑罚。

新 加 坡

刑事诉讼法典*

第一章 序 言

第 4 条 《刑法典》或其他法律规定犯罪的审判

(1)《刑法典》(第二百二十四章) 规定的犯罪必须依据本法进行侦查和审判。

(2) 其他任何成文法规定的犯罪也必须依据本法进行侦查和审判,也要受规范那些犯罪的侦查或审判方式或场所的任何法律的约束。

第 5 条 最高法院和执法人员权力的保留

本法不得减损上诉法庭或高等法庭或其法官、总检察长、副总检察长或副检察长的管辖权或权力。

[2014 年第 42 号法律(自 2015 年 1 月 1 日生效)]

第 6 条 诉讼程序无规定之处

至于本法或当前生效的其他任何法律中没有作出特别规定的刑事诉讼事宜,为案件公正处理需要且不违反本法或其他法律程序的可能会被采纳。

第十三章 关于庭审程序的一般条款

第一节 一般条款

第 236 条 被指控人有权获得辩护

每一个被追诉的人在庭审中有权获得律师的辩护。

---

* 本法典于 2010 年 5 月 19 日由新加坡国会批准,2011 年 1 月 2 日实施。最近一次修正时间是 2015 年 4 月 1 日。本译本根据新加坡法规在线网提供的英语文本翻译。

第十四章　证据和证人

第五节　证　人

第 288 条　向被指控人解释证据

（1）被指控人不理解证人作证使用的语言，并且该被指控人亲自出庭的，法院应当立即将证据翻译为法院认为被指控人可以理解的语言。

（2）文件被作为正式的证据提供的，法院可以选择将必要部分为被指控人翻译。

新加坡共和国宪法[*]

（1965 年 8 月 9 日议会通过并生效）

第四编　基本自由

第 9 条　人身自由

（1）除非依照法律，不得剥夺任何人的生命或人身自由。

（2）当高等法院或高等法院的法官收到某人已被非法拘留的申诉后，应对此申诉进行调查；除非确认拘留合法，应下令将被拘留者移送法院并予以释放。

（3）在一个人被逮捕后，应当尽快将逮捕的原因告知被逮捕者本人，允许其会见自己选定的辩护律师，并由律师为其辩护。

（4）在一个人被逮捕后，应当在 48 小时内（在途所需时间除外）将其移送治安法官，不得无故拖延，非经法官批准不得继续羁押。

（5）第（3）款和第（4）款不适用于敌国侨民或因为犯有蔑视国会罪而被议长亲自下令逮捕的人。

（6）本条不影响下列法律的效力，即使这些法律与本条第（3）款和第（4）款的规定相抵触：

（a）在本宪法生效之前就已经实施的、准许对那些破坏公共安全、和平

---

[*] 文本来源于新加坡共和国政府官方网站。

以及良好秩序的人加以逮捕的法律；

（b）准许逮捕并监禁那些滥用毒品、麻醉品的人，以便治疗并使其康复的法律。

第 11 条　刑法不溯及既往和不重复审判的保障

（1）禁止以行为时法律未规定为犯罪的作为或者不作为处罚任何人，禁止以重于行为时法律规定的刑罚处罚行为人的犯罪行为。

（2）凡被宣判为无罪或有罪者，不得因同一犯罪再次受审，除非原审法院的上级法院推翻原判并下令重审。

印　　度

印度共和国宪法[*]

（1949 年 11 月 26 日制宪会议通过，
1950 年 1 月 26 日生效）

第三编　基　本　权

自　由　权

第 20 条　判罪的保障

1. 非以行为时即规定该行为构成犯罪的有效法律不得对其科罪，所科的刑罚不得重于行为时有效法律所可能科以的刑罚。

2. 不得对同一犯罪行为进行重复的检控或者惩罚。

3. 不得迫使犯罪嫌疑人自证其罪。

[**第 22 条　特定案件中免受逮捕和羁押的保障**

1. 应将被逮捕者羁押于拘留所并及时告知其被逮捕理由，且不得拒绝其向自己选择的律师进行咨询或者由之进行辩护的权利。

---

[*] 文本来源于印度司法部网站。本译文同时参考了郭登皞等译：《印度宪法》，世界知识出版社 1951 年版。

2. 应当在逮捕之后的 24 小时内将被逮捕者和羁押者带至最近的治安法官面前,但从逮捕之处到治安法庭的在途时间不计算在内;在此期限外,如果无治安法官的授权,则不得继续羁押。

3. 本条第 1 款和第 2 款不适用于:

(1) 当时作为敌侨者;或者

(2) 根据预防性羁押法律而予以逮捕者或者羁押者。

4. 任何规定预防性羁押之法律不得授权超过 3 个月以上的羁押,除非——

(1) 由在任或者曾任高等法院法官或者具有被任命为高等法院法官资格者组成的顾问委员会在前述期限届满前作出报告,认为有充分理由采取 3 个月以上羁押的;

但是,依据本项而授权的羁押期限不得超过议会根据第 7 款第(1)项和第(2)项而以法律规定的最长期限;或者

(2) 该人因议会根据第 7 款第(1)项和第(2)项制定的法律的规定而被羁押的。

5. 一旦某人因为根据规定有预防性羁押的法律而作出的命令而被羁押的,作出该命令的机关应当尽快告知该人作出该决定的理由,并尽早为其提供针对该决定进行陈述的机会。

6. 不得以第 5 款之规定而要求作出该款所指之命令的机关披露其认为不利于公共利益的事实。

7. 议会得以法律规定:

(1) 在未根据第 4 款第(1)项之规定获得顾问委员会意见的情形下,在何种情形下或者某类或者数类案件中,得根据授权进行预防性羁押的法律处 3 个月以上的羁押;

(2) 在一类或者数类案件中,根据授权预防性羁押的法律而采取羁押的最长期限;或者

(3) 顾问委员会根据第 4 款第(1)项进行调查应遵循之程序。]①

---

① 原文注:为执行 1987 年《宪法第 44 修正案》第 3 条的规定,本条根据该条的规定作出修正后予以适用。

欧 洲

奥 地 利

奥地利共和国刑事诉讼法典[*]

第一编 诉讼程序概述及基本原则

第一章 刑事诉讼程序及其基本原则

依职权追诉

第2条 (1) 除有关权利人要求对犯罪行为进行追诉之外,警察和检察机关在执行任务过程中,对于自己主动掌握的所有初步犯罪嫌疑,均必须启动侦查程序。

(2) 在主审程序中,法院须依职权查明检察机关所起诉的犯罪行为和被告人的罪责。

客观性和查明事实真相

第3条 (1) 警察、检察机关和法院都必须查明事实真相,并且对所有与认定犯罪行为和确定犯罪嫌疑人具有重要性的事实情形予以查明。

(2) 法官、检察官和警察必须不偏不倚、毫无成见地履行自己的职责,避免任何偏袒现象。对于有利于和不利于犯罪嫌疑人的事实情形,都应当尽同样的谨慎义务予以侦查。

公诉原则

第4条 (1) 除法律另有规定之外,提起公诉是检察机关的责任。检察机关在决定是否提起公诉时,应当进行必要的调查、作出相应的决定和提出调

---

[*] 本法典于1873年5月23日由奥地利帝国议会批准,1873年11月23日实施。最近一次修正时间是2015年8月13日。本译本根据奥地利联邦总理办公室官网提供的德语文本翻译。

查的申请。不得要求检察机关违背自己的意志启动刑事诉讼程序。提起自诉和补充诉讼的权利（第71条和第72条）不受影响。

（2）合法有效的公诉是主审程序启动的前提条件。在法律所规定的特定情形中，主审程序的启动尚须获得有关部门的授权（第92条）。

（3）对于提起公诉的案件，法院应当作出判决，但判决中的事实部分不能超出起诉书的范围。对于法律性质的认定，法院不受起诉书中意见的拘束。

合法性和比例性

第 5 条 （1）警察、检察机关和法院在履行职权和调查取证过程中，须以法律的明文规定并且在完成任务的必要限度内侵害和干涉私人的权利。任何侵害和干涉他人权利的行为必须与犯罪行为的重要程度、犯罪嫌疑的强度以及所追求的结果之间成比例。

（2）对于多个可达目的的侦查措施和强制措施，警察、检察机关和法院必须选取对当事人权利侵害最小的方式。在刑事诉讼的各个阶段，履行法律所赋予的职权时，应当避免引起不必要的影响、尊重当事人的人格尊严并保护其权利和应受保护的利益不受侵犯。

（3）禁止诱使犯罪嫌疑人或其他人员着手实行、继续实施或者完成犯罪行为，亦不得通过秘密指派的人员引诱犯罪嫌疑人作出自白。

听审原则

第 6 条 （1）犯罪嫌疑人有权参与整个诉讼程序，并有义务在主审程序中出庭。犯罪嫌疑人的人格尊严应当受到尊重。

（2）诉讼参与人或者因强制措施而受影响的权利人享有适当的听审的权利，对涉及自身的诉讼行为之起因和目的以及自己在诉讼程序中所享有的重要权利有知情权。犯罪嫌疑人有权知悉所有不利于己的犯罪嫌疑的依据，并且有充分的机会排除犯罪嫌疑和进行自我辩解。

辩护权

第 7 条 （1）犯罪嫌疑人有权为自己辩护，并有权在诉讼程序的各个阶段获得辩护人的帮助。

（2）不得强迫犯罪嫌疑人提供不利于自己的罪证。犯罪嫌疑人任何时候均享有供述或者拒绝供述的权利。不得使用强迫、威胁、非法允诺或者欺骗等手段迫使或说服犯罪嫌疑人进行供述。

无罪推定

第 8 条 任何人在被作出生效判决之前均应当视为无罪。

迅速审理原则

第 9 条 （1）任何犯罪嫌疑人都有权请求在合适的期限内结束诉讼程

序。刑事诉讼程序应在尽量不拖延的情形下迅速审结。

（2）犯罪嫌疑人被羁押的，诉讼程序的进展应当尽量从速进行。任何被羁押的犯罪嫌疑人在诉讼程序中都有权要求尽快作出判决或者被释放。刑事诉讼程序中的有关机关、机构和人员都有义务致力于尽可能缩短羁押时间。

被害人的参与

第 10 条 （1）按照本法第四章的规定，被害人有权参与刑事诉讼程序。

（2）警察、检察机关和法院有义务适当考虑被害人的权利和利益，并告知被害人在诉讼程序中所享有的重要权利以及可能获得的赔偿或援助等相关信息。

（3）刑事诉讼程序中的有关机关、机构和人员在诉讼程序中应当保护被害人的人格尊严，并维护被害人的私生活领域不受侵犯。除非是为了实现刑事司法目的而必须为之，否则不得将照片或者个人信息广泛传播，使得较多人可以识别被害人的身份。检察机关和法院在诉讼程序终结后，应当审查被害人的补偿权益是否实现并在最大限度内予以支持。

陪审员

第 11 条 （1）本法所有规定的案件中，陪审员参与主审程序和最后作出判决。

（2）应当告知陪审员所承担的任务和权限以及诉讼程序的进程等信息。

言词审理和公开审理

第 12 条 （1）主审程序和上诉审程序中的主审应遵循言词审理和公开审理原则。侦查程序则不公开进行。

（2）法院在作出判决时仅考虑在主审程序中被审理的案件事实。

直接审理

第 13 条 （1）法庭主审是整个刑事诉讼程序的重心所在。在该程序中，判决的作出应基于主审中被调查的证据。

（2）在侦查程序中，应当收集对作出提起公诉决定而言不可或缺的证据，或者可能在主审过程中，基于事实或法律上的原因将无法调取的证据。

（3）只要存在直接证据，则不得以间接证据来替代。在卷宗或者其他书面材料的内容只有通过本法所准许的方式能够再次被呈现出来的情况下，才能被作为证据使用。

自由心证

第 14 条 法院基于自由心证来认定案件事实是否已被证明。如法院对事实认定存有疑问，则应当作出有利于被告人或者其他权利受影响之人的判决。

先决问题

第 15 条　在刑事诉讼中,对先决问题的裁决应独立于刑事判决而分开进行。如果在可预见的期限内能够作出的,则有关机关应当等待对该先决问题的裁定作出后进行刑事诉讼程序。民事法院和其他机关所作出的具有法律效力的裁决对刑事法院的判决具有拘束力。

申诉和上诉不加重处罚

第 16 条　如果仅为犯罪嫌疑人的利益而提出上诉审救济或法律救助的申诉,则基于此而作出的法院裁决不能使犯罪嫌疑人在侦查程序的地位和量刑问题上与原裁决未撤销之前相比更为不利。

禁止重复刑事追诉

第 17 条　(1)刑事诉讼程序合法有效终结后,禁止对同一行为再行追诉。

(2)延长、继续、重新启动再审的决定,以及作出以维护法律为目的的抗诉决定不受前款的限制。

保加利亚

保加利亚刑事诉讼法典*

2006 年 4 月 29 日生效

第一编　总　　则

第二章　基本原则

第 6 条　只有法院享有对刑事案件的司法权

(1)对刑事案件的司法权只能由保加利亚共和国宪法设立的法院行使。

(2)不允许法院对刑事案件行使紧急管辖权。

第 7 条　法院程序集中

(1)在刑事诉讼中,法院程序应集中进行。

---

* 本法典于 2005 年 10 月 14 日由保加利亚议会批准,2005 年 10 月 28 日公布。本译本根据 2011 年 2 月 11 日第 13 号《国家公报》修正后的版本翻译,该文本语言为英语。

（2）审前程序应具有预备性。

第 8 条　陪审员参加法庭审理

（1）在本法典规定的情况下，陪审员应依据本法典规定的规则参加法庭审理。

（2）陪审员与法官享有同等权利。

第 9 条　任命要求

在刑事诉讼中，只有法官、法院陪审员和侦查机构能够依照已有的规则参与和任命。

第 10 条　刑事诉讼中的机构独立

在行使职能时，法官、陪审员、检察官和侦查机构独立并只服从法律。

第 11 条　刑事诉讼中公民平等

（1）所有参加刑事诉讼的公民在法律面前一律平等，不允许因种族、国籍、民族、性别、出生地、宗教信仰、教育、定罪、政治归属、个人或社会或财产地位而存在特权或限制。

（2）法院、检察官和侦查机构对所有公民应准确和平等地适用法律。

第 12 条　对抗性和诉讼双方权利平等

（1）法院程序应具有对抗性。

（2）诉讼双方在法院程序中享有平等的诉讼权利，本法典另有规定的除外。

第 13 条　对客观真实的查明

（1）法院和侦查机构在能力范围内有义务采取任何措施确保客观真实的查明。

（2）对客观真实的查明应按照本法典规定规则并通过本法典规定的方法进行。

第 14 条　根据内心确信作出决定

（1）法官和侦查机构应根据法律的指引，在对案件全部情况的客观、全面、完整审视的基础上，依据内心确信作出决定。

（2）证据和裁决文书没有先决效力。

第 15 条　辩护权

（1）被告人有权进行辩护。

（2）应向参与刑事诉讼的被告人和其他人提供为其权利和合法利益进行辩护的所有必要的程序性补救措施。

（3）法官、检察官和侦查机构应向第 2 款规定的人明确说明他们的程序性权利，并为他们提供行使这些权利的可能。

（4）应向被害人提供为他的或她的权利和合法利益进行辩护的必要的程序性补救措施。

第 16 条　无罪推定

在刑事诉讼以生效裁判形式得出结论、证实有罪之前，被告人应被认为是无罪的。

第 17 条　人身不可侵犯

（1）除了本法典规定的情形或遵从法典的命令，不得对刑事诉讼的参加人采取强制措施。

（2）在没有法院许可的情况下，任何人不得被拘留 24 小时以上。检察官可以对被告人实施羁押，直到他或她被带到法庭。

（3）相关机构应立即将羁押通知被羁押人提出的人。

（4）如果被羁押人是外国公民，应立即将羁押通知保加利亚外交部。

（5）法院、检察官和侦查机构必须释放每一个被非法剥夺自由的人。

第 18 条　直接性

法院和侦查机构的决定应建立在他们亲自收集和检查的证据材料的基础之上，本法典另有规定的除外。

第 19 条　刑事程序的口头性

刑事诉讼应以口头方式进行，本法典另有规定的除外。

第 20 条　审判公开

法庭审判应公开进行，本法典另有规定的除外。

第 21 条　进行刑事诉讼的语言

（1）进行刑事诉讼应用保加利亚语。

（2）不说保加利亚语的人，可以用他们的本国语言或其他语言。在此种情形下，应为其指派翻译人。

第 22 条　在合理期限内审理和决定案件

（1）法院应在合理期限内审理案件。

（2）检察官和侦查机构有义务在本法典规定的期限内实施审前程序。

（3）被告人被逮捕的条件应优先于其他条件被侦查、考量和决定。

比 利 时

重罪审理法典[*]

序 编 犯罪引起的诉讼程序

第一章 进行公诉与民事诉讼的相关规则

第 1 条 只有法律授权的官员才可提起适用刑罚之诉。

第 1（2）条 §1 根据国际法，对以下人员不得提起诉讼：

——正在履职期间的外国国家元首、政府首脑和外交部长，以及国际法规定的其他享有豁免权的人；

——根据与比利时缔结的条约，享有全部或部分豁免权的人。

§2 根据国际法，正式受比利时官方或建于比利时且与比利时缔约的国际组织邀请在王国逗留的人，在其逗留期间不得对其采取与公诉相关的任何强制性行为。

第 2 条 如果法律规定了公诉必须在被害人提出告诉的前提下进行，则被害方在追诉活动进行前撤回告诉的，程序即结束。

第 2（2）条 如果因同一事由或相关联的事由对法人及其法定代表人提起追诉，对该法人提起公诉的案件有管辖权的法庭依职权或依照申请指定一名专门的代理人。

第 3 条 损害赔偿之诉由遭受犯罪侵害造成损失之人提起。

第 3（2）条 应当以正确和负责的态度对待被害人与其亲属，要向他们提供必要的信息，如有必要，则帮助其联系特别机构，尤其是联系法律援助人员。

被害人尤其应当获得成为民事当事人及提起告诉的方式的有用信息。

---

[*] 本法典的序编于 1878 年 4 月 25 日公布，同年 5 月 5 日生效。1808 年 11 月至 12 月先后公布第一卷至第二卷，并相继生效。迄今为止多次修改。本译本根据比利时司法信息网站 2014 年 5 月 14 日提供的法语文本翻译。

司法部法律之家的工作人员承担法律援助工作，在向涉诉人员提供指导方面协助司法官的工作。

在上诉法院辖区，法律之家的工作人员在接待被害人时协助检察长履行刑事政策，评估、协调、监督辖区内不同检察院接待被害人的情况，并帮助接待被害人的工作。他们与检察长密切合作。

第3（3）条 与司法程序有直接利益关系的人可根据相关法律条款进行调解。

调解是指有冲突的当事人自愿私下达成合意，在中立的第三方按照特定方式的帮助下积极参与的解决犯罪引起的纠纷的程序。调解的目的是促进交流，并帮助当事人就修复关系和赔偿损失的方式及条件达成协议。

第4条 民事诉讼可与刑事诉讼同时进行，由同一位法官审理。民事诉讼也可以与刑事诉讼分开进行，如果在民事诉讼之前或期间已经提起的刑事诉讼尚未作出最终宣告，则民事诉讼中止。

如果对相关损害的原因还不能作出裁判，受理刑事诉讼的法官可以依职权，甚至在无人申请成为民事当事人的情况下，保留民事损害赔偿的权益。

在不妨害其根据《司法法》第1034（2）条和第1034（6）条提起民事诉讼的权利的情形下，任何受到犯罪侵害的人可以申请就刑事诉讼作出判决的法庭对民事损害赔偿作出裁判，而无须承担诉讼费用。法庭根据向书记室递交的申请作出裁判，该申请须向各方当事人提供一份副本。

此申请相当于成为民事当事人。

书记室将申请通知当事人，并说明开庭审理的地点、日期及时间，如有必要也可通知当事人的律师。

如果已经对刑事诉讼作出裁判，各方诉讼当事人均可提请受理案件的法官确定移送提交材料和陈述意见的期限，并且确定听取辩护词的日期。

这一请求以诉状方式提出并由当事人律师签字，如果其缺席，则由当事人签字后交给书记室保管，并给每位诉讼当事人一份副本。书记官以司法文书形式通知其他当事人，必要时以书信方式通知其律师。

其他当事人可在司法文书寄出15日内，以同样的方式向法官提出意见。

第8款规定的期限届满后或者各方当事人提出申请后8日内，法官根据材料作出裁判，除非其认为有必要听取各方意见，在这种情况下应当通过司法文书形式传唤当事人，在开庭后8日内作出裁判。

法官确定作出判决的期限与听取辩护的日期。对此裁判不得提出上诉。裁判以简易文书方式通知当事人及其律师。如果有一方当事人没有律师，则以司法文书的方式通知。

除非当事人同意或者存在《司法法》第 748 条第 2 款规定的例外情况，否则，对第 10 款规定期限届满后通知的判决按规定不得再有异议。在规定的日期，最先作出反应的当事人可请求对审判决。

如果法官仅受理了民事赔偿部分，则检察官并不一定要出庭。

第 5 条 放弃民事诉讼不能停止公诉的进行。

第 5（2）条 §1 受到犯罪侵害而遭受损失的人具有被害人资格。

在警察机构提出告诉的人将被全面告知成为被害人的可能性以及相关权利。提出告诉时应向提出告诉的人出具专门的文书。

§2 申请由个人或律师提出。

申请包括以下内容：

（1）名字、姓氏、出生地点及日期、申请人的职业及住所；

（2）申请人遭受损失的情况；

（3）损失的性质；

（4）申请人申请的损害赔偿。

申请附卷保存，记录在案。申请由检察院书记室、警察书记室、制作笔录的司法警察警官受理，或者以挂号信方式寄给检察院书记室。

如果警察书记室或者制作笔录的司法警察警官接到申请，应当将其尽快转交检察院书记室。

§3 被害人有权获得律师的帮助和代理。

被害人可将其认为有用的所有材料附卷。

被害人有权得知不立案情况及其理由、移送预审的情况以及预审法官与审判法官进行的诉讼活动。

被害人有权提出查询、复制卷宗的申请。

第 5（3）条 所有相关第三人遵照诉讼程序的指示并根据其合法权利，主张其享有的《刑法典》第 42 条（3）、第 43（2）条及第 43（4）条涉及的财产权利，以及《刑法典》第 42 条第 1 款、第 505 条涉及的事项的，即将对案件作出实体判决的法庭应当告知其确定庭审的事项。

比利时联邦宪法[*]

(1994年1月20日众议院通过,1994年2月3日参议院通过,1994年2月17日《比利时官方公报》公布生效)

第二编 比利时人及其权利

第12条

个人自由得到保障。

任何人只有在法律规定的情况下才受到起诉,且应当以法律规定的形式进行。

任何人只有在法官签发说明理由的命令的情况下才受到逮捕,但现行犯除外。该命令应当在逮捕时签署,或者最迟在逮捕后24小时内签署。

第13条

不得违背任何人的意愿剥夺其依法接受法官审理的权利。

第14条

刑罚的确定和适用必须依法进行。

第14条之二

废除死刑。

第三编 权 力

第六章 司 法 权

第148条

法院一律公开审理,但对秩序或道德有害的情况除外;在此情况下,法院公开宣读判决。

非经一致同意,不得禁止旁听对与政治和新闻相关的不法行为的审理。

第149条

所有判决均须说明理由。判决公开进行宣读。

---

[*] 文本来源于比利时宪法法院网站的该国宪法法语版。

第 150 条

在审理刑事问题、政治和新闻不法行为时应组成陪审团,但由种族主义或排外引起的新闻不法行为除外。

第 151 条

一、法官行使司法权力时保持独立。检察机关进行个人搜查和起诉时保持独立,但不损害有权的部长命令起诉和决定刑事政策的限制性指令的权力,包括有关搜查和起诉的政策。

二、比利时全国设立一个最高司法委员会(Conseil Supérieur de la Justice)。行使职权时,最高司法委员会应尊重第一款规定的独立。

最高司法委员会由法语团体和荷兰语团体组成。两个团体成员数目相同,成员中一半为依据法律规定的条件和形式由法官和检察官直接选举产生的法官和检察官,另一半为参议院依据法律规定的条件以总票数 2/3 多数任命的成员。

团体内部设立提名和任命委员会(Commission de Nomination et de Désignation)与意见和调查委员会(Commission d'Avis et d'Enquête)。两个委员会依照前项规定的方式组成。

法律明确规定最高司法委员会及其团体和委员会的组成,以及其行使职权的条件和形式。

三、最高司法委员会对以下事项行使职权:

(一)包括第四款第(一)项规定的法官在内的法官或检察官候选人提名;

(二)第五款第(一)项规定的职位和检察机关负责人的职位的候选人提名;

(三)法官和检察官的入职;

(四)法官和检察官的培训;

(五)建立第(二)项中提名的一般模式;

(六)对司法的总体运行和组织提出意见和建议;

(七)总体监督和内部控制方式的推动和使用;

(八)除纪律和刑事职权外:

——接受有关司法运行的投诉并确保对其进行监督;

——对司法运行进行调查。

根据法律规定的条件和形式,第(一)项至第(四)项规定的职权归属于有权的提名和任命委员会,第(五)项至第(八)项规定的职权归属于有权的意见和调查委员会。法律规定提名和任命委员会与意见和调查委员会共同行使职权的情况和形式。

以第 4 条第三款规定的多数通过的法律确定该委员会的其他职权。

四、国王在法律规定的条件和形式下任命治安法官、法官，以及法院和最高法院法官。

有权的提名和任命委员会依照法定形式、经过能力和才能评价，以 2/3 多数提名并说明理由。只有依照法律规定的形式并说明理由才可否决该提名。

提名法院和最高法院法官时，与该法院相关的议会根据法律规定的形式、在前项规定的提名之前提出说明理由的意见。

五、国王按照法律规定的条件和形式任命上诉法院院长、法院院长和法庭庭长。

有权的提名和任命委员会依照法定形式、经过能力和才能评价，以 2/3 多数提名并说明理由。只有依照法律规定的形式并说明理由才可否决该提名。

提名上诉法院院长和法院院长时，与该法院相关的议会根据法律规定的形式、在前项规定的提名之前提出说明理由的意见。

法院和法庭在法律规定的条件和形式下在其内部任命上诉法院副院长和分部负责人、法院分部负责人和法庭副庭长。

法律规定该职位的任期，但不得损害第 152 条的设置。

六、依据法律规定的形式对法官、第五款第（四）项规定的人员和检察官进行评价。

过渡性规定

第三款至第六款的规定自第二款规定的最高司法委员会建立之日起生效。

该日，以法律规定的期限和条件提名最高法院院长和庭长，法院院长和庭长，以及法庭庭长和副庭长，并同时分别在最高法院、上诉法院、劳工法院和相应法庭对其进行任命。

同时，下列规定继续有效：

治安法官和法官由国王直接任命。

在任命上诉法院的法官和初审法院院长和副院长时，上诉法院或初审法院有权依照其各自的管辖权向国王提交一份候选人名单，省委员会和布鲁塞尔—首都行政区议会也有权向国王提交一份候选人名单，这两份名单应当各自包括两个候选人，国王从候选人名单中任命相关人员。

在上述两种情况下，一个名单上的候选人也可以入选另一个名单。

所有介绍均应公开进行，并至少在提名前 15 日进行。

法院在其内部选择院长和副院长。

丹　麦

丹麦王国宪法[*]

(1953年6月5日全民公决批准并生效)

第 八 章

第71条

人身自由不受侵犯。任何丹麦公民，不得因为其政治或宗教信仰，或出身，以任何方式被剥夺自由。

非经法律规定，不得剥夺自由。

任何被关押的人应在24小时内被审判。凡被关押的人不得被立即释放，法官应最迟在3日之内作出说明理由的决定，决定被关押的人是否应被送往监狱；此时其可以被保释，但应确定保释的性质和量度。如果为依据当地情况所必要，格陵兰可以不遵守这条规定。

有关当事人可以就法官的判决向上级法院提起上诉。

对可仅处以罚款或减轻监禁的人不得关押。

凡不属于刑事诉讼范围，且既未根据司法机关的命令，又未依据处理外侨事务的法律规定而被剥夺自由者，经本人或其代理人提出请求，应将该剥夺自由措施的合法性提交普通法院或其他司法机关裁决。有关程序细则由法律规定。

前款中提到的人应置于丹麦议会设立委员会的监督之下，有关当事人应向委员会提出申请。

---

[*] 文本来源于丹麦议会网站，并参考Folketing Copenhagen 1999年出版的英文文本翻译。

德 国

德国刑事诉讼法[*]

第一编 总 则

第一章 法院事务管辖权

第 6 条 ［依职权审查］

法院对其事务管辖，在程序的任何阶段都可依职权进行审查。

德国法院组织法^{**}

第一章 管 辖 权

第 1 条 ［法官的独立性］

审判权由法院独立行使，且仅受限于法律。

---

* 本法于1877年2月1日由德意志帝国皇帝（威廉二世）批准，1879年10月1日实施，2015年12月10日最新修正。本译本根据1987年4月7日公布的版本（联邦法律公报Ⅰ，第1074～1319页）翻译，该法语言为德语。

** 本法于1877年1月27日由德意志帝国皇帝（威廉二世）批准，1879年10月1日实施，2015年8月31日最新修正。本译本根据1975年5月9日公布的版本（联邦法律公报Ⅰ，第1077页）翻译，该法语言为德语。

德意志联邦共和国基本法[*]

(1949年5月23日由国会颁布并生效)

第九章 司 法

第 97 条

1. 法官独立行使职权,只服从法律。

2. 专职法官和按照计划最终任用的法官在任职期届满前,只能在依据法律规定的理由和方式作出司法裁判后,方可违背其本人意愿予以免职,或予以长期或暂时停职、调职或令其退职。可通过立法规定终身制法官的退休年龄。法院机构或法院辖区发生变更时,法官可被调至其他法院任职,或退职,但应保留其全部薪酬。

第 101 条

1. 不得设立特别法院。不得剥夺任何人接受法定法官审判的权利。

2. 只有依照法律才得设立审理专门案件的法院。

第 102 条

废除死刑。

第 103 条

1. 在诉讼中人人享有听证权。

2. 对行为的刑事处罚,以作出该行为前法律已规定的处罚为限。

3. 依据普通刑事法律,任何人不得因同一行为遭受多次刑罚。

第 104 条

1. 只有依据正式法律,并按照法律中规定的方式,方可限制人身自由。不得在精神上或身体上虐待被拘禁的人员。

2. 只有法官才得就是否准许剥夺自由和剥夺自由的期限作出裁判。未依据法官命令剥夺自由的,应立即取得法官裁判。警察依据自己的绝对权力予以拘留的,拘留时间不得超过逮捕后次日的结束。具体细则由法律予以规定。

3. 凡因涉嫌犯罪而暂时被拘留的,最迟在拘留后次日提交法官,法官须告知拘留理由,作出审讯并给予受拘留人辩驳的机会。法官须立即颁布说明逮

---

[*] 文本来源于德国联邦议会官方网站。

捕理由的逮捕令，否则命令释放。

4. 法官就有关剥夺自由的命令和剥夺自由的期限所作出的任何裁判，均应立即通知被拘留人的亲属或其信任之人。

俄 罗 斯

俄罗斯联邦刑事诉讼法典*

（2015 年 6 月 8 日第 181 次修订）

（2015 年 9 月 15 日生效文本）

第一卷 总 则

（第 1 条至第 139 条）

第一编 基本原则

（第 1 条至第 28 - 1 条）

第二章 刑事诉讼程序的基本原则

（第 6 条至第 19 条）

第 6 条 刑事诉讼程序的职能

1. 刑事诉讼程序具有下述职能：

（1）对遭受犯罪侵害的人与组织，保护其权利与法律利益；

（2）保护人身免予遭受非法与无根据的指控与处刑，以及对其权利与自由实施的非法或无根据的限制。

2. 对有过错的行为人进行刑事追诉并公正地科处刑罚，对无过错的人员免予刑事追诉、免除刑罚，对遭受不合理刑事追诉的人员恢复荣誉等事项，都

---

* 本法典于 2001 年 11 月 22 日由俄罗斯联邦国家杜马议会审议通过，2001 年 12 月 5 日俄罗斯联邦联邦委员会审议核准并颁布。截至 2015 年 6 月 8 日，其已历经 181 次修订，修订内容详见正文。本译本根据俄罗斯联邦联邦委员会颁布实行的有效文本翻译，文本语言为俄罗斯官方语言——俄语。

应当符合刑事诉讼程序的职能。

第 6-1 条　刑事诉讼程序的合理期限

〔注：本法典第 6-1 条所置原则的效力（附载本条的法典文本为俄罗斯联邦联邦法 2014 年 7 月 21 日第 273 号联邦法令修改文本）及于自 2013 年 6 月 25 日起产生的法律关系。参见俄罗斯联邦联邦法 2014 年 7 月 21 日第 273 号联邦法令第 5 条第 2 项规定。〕

1. 刑事诉讼程序，应当在合理期限内进行。

2. 刑事诉讼程序，应当在本法典规定期限内进行。该期限的延长仅允许在本法典规定条件下，遵循本法典规定的既定程序实行。但刑事追诉、刑罚裁量与刑事追诉的终止应当在合理期限内进行。

3. 在确定刑事诉讼程序的合理期限时，这段期限应当包括自刑事追诉开始实行之时起至刑事追诉完结之时止，抑或有罪认定的刑事案判决下达之时止的时间。应当考虑下述情节：即刑事案件在法律与事实认定上的复杂性；刑事诉讼程序参与人的行为举止；法官、检察官、侦查机关负责人、侦查官、调查机关分属机构负责人、调查机关、调查官等人员为及时实施刑事追诉或者以刑事案件审理为目的而采取的行动本身是否具有充分性与有效性；以及刑事诉讼程序整体上的持续时间。

3-1. 在确定刑事诉讼审前程序的合理期限时，这段期限应当包括自检举、揭发犯罪之日起至根据本法典第 208 条第 1 款第 1 项规定采取决定中止刑事案件预先审查之日止的时间。应当考虑下述情节：刑事案件在法律与事实认定上的复杂性；刑事被害人与其他刑事案件审前诉讼程序参与人的行为举止；检察官、侦查机关负责人、侦查官、调查机关分属机构负责人、调查机关、调查官等人员以及时提起刑事案件、查明在犯罪实施中应当作为犯罪嫌疑人、刑事被告人进行追诉的人员为目的而采取的行动本身是否具有充分性与有效性；以及刑事案件审前诉讼程序在整体上的持续时间。

（注：本款规定依据俄罗斯联邦联邦法 2014 年 7 月 21 日第 273 号联邦法令于 2015 年 1 月 1 日增补适用。）

4. 与调查机关、侦查机关、检察机关及法院的组织工作有关联的情节，以及各审级刑事案件的审理，不能作为刑事诉讼程序运行阶段合理期间的逾期根据。

5. 在下述情况下，如果刑事案件递交法院之后，案件在很长一段时间内未予审结，审理程序被迫拖延的，则相关利益人员有权向法院院长递交有关要求加快案件审理的申请。

6. 有关要求加快刑事案件审理的申请，法院院长应当自该申请递交法院之日起不晚于 5 日内对其进行审查。根据该申请的审查结果，法院院长应当下达合理裁决，该裁决应当明确指出审判庭审理该案的时间及（或者）为加快该案审理而采取的其他诉讼行为。

（注：本条规定依据俄罗斯联邦联邦法 2010 年 4 月 30 日第 69 号联邦法令于 2010 年 5 月 4 日增补适用。）

第 7 条　刑事案件诉讼程序的合法性

1. 法院、检察官、侦查官、调查机关与调查官，无权适用与本法典规定相抵触的联邦性法律。

2. 法院，在刑事案件诉讼程序的运行阶段，如果确定联邦性法律或者其他规范性法令与本法典规定相抵触的，则应当依据本法典下达判决。

3. 法院、检察官、侦查官、调查机关或者调查官，在刑事诉讼程序运行阶段违背本法典相关规范取得的证据，不予采信。

4. 法院下达的裁决，法官、检察官、侦查官、调查官作出的裁定，应当合法、有根据且说理充分。

第 8 条　审判权仅由法院行使

1. 在俄罗斯联邦，刑事案件的审判权仅可以由法院行使。

2. 非经本法典规定程序并根据法院刑事案判决予以确定，任何人不得被认定为在犯罪实施中具有过错并遭受刑罚。

3. 刑事被告人，不得剥夺在本法典规定对其案件具有审判管辖权限的法院或者法官处审理刑事案件的权利。

第 8-1 条　法官的独立性

1. 在刑事案件的审理阶段，法官司法独立，只服从于《俄罗斯联邦宪法》与联邦性法律的管辖。

2. 法官对刑事案件的审理、审判，应当在排除对其进行无关影响的条件下进行。禁止国家机关、地方自治机关、其他机关、组织、公职人员或者公民干扰法官进行审判活动，并应因此承担相应的责任。

3. 有关国家机关、地方自治机关、其他机关、组织、公职人员或者公民非讼请求的信息，递交给受理刑事案件的法官，或者递交给受理刑事案件的法院院长、副院长、审判庭庭长或者审判委员会主席的，应当通过互联网信息通讯网络上的法院官方网站向诉讼程序的参与人公布，但该信息并不成为对刑事案件实行诉讼行为或者下达诉讼判决时的认定根据。

（注：本条规定依据俄罗斯联邦联邦法 2013 年 7 月 2 日第 166 号联邦法令于 2013 年 7 月 14 日增补适用。）

第 9 条　尊重人身名誉与人格尊严

1. 在刑事诉讼程序的运行阶段，禁止实施或者下达有损刑事诉讼程序参与人人身名誉的行为或者决定，禁止降低刑事诉讼程序参与人人格尊严或者对其生命与健康造成危险的处遇。

2. 所有刑事诉讼程序的参与人，不得遭受暴力、刑讯及其他残酷的或者降低人格尊严的处遇。

第 10 条 人身权利的不受侵犯性

1. 如果不具备本法典规定的法律根据，任何人不得因涉嫌实施犯罪被羁押或者被监禁。在法院判决下达之前，对行为人的羁押不得超过 48 个小时。

2. 法院、检察官、侦查官、调查机关与调查官，有责任立即释放所有被非法羁押或者被剥夺自由的，抑或被非法安置在提供住院条件的医疗救助机构或者精神障碍疾病医疗机构的，抑或超过本法典规定期限拘留的人员。

（注：本款规定依据俄罗斯联邦联邦法 2013 年 11 月 25 日第 317 号联邦法令适用。）

3. 行为人，对其选择监禁类别的强制性处罚措施的，以及因涉嫌犯罪被羁押的，应当在对其生命与健康不构成危险的条件下关押。

第 11 条 在刑事诉讼程序中对人与公民权利和自由的保护

1. 法院、检察官、侦查官与调查官，必须向犯罪嫌疑人、刑事被告人、刑事被害人、刑事附带民事诉讼请求原告人、刑事附带民事诉讼请求被告人，以及其他的刑事诉讼程序参与人进行说明，上述人员在刑事诉讼程序中所具有的权利、义务与责任，并应保障权利的行使具有可能性。

2. 在享有作证豁免权人员同意作证的情况下，调查官、侦查官、检察官与法院必须对上述人员预先说明，其口供在随后的刑事案件审理阶段可能被作为证明予以使用。

3. 在具有充足材料证明刑事被害人、证人或者其他刑事诉讼程序的参与人，以及其近亲属、亲属或者密切关系人具有被杀害、遭受暴力、财产损毁的危险或者遭受其他非法危害行为威胁的情况下，法院、检察官、侦查机关负责人、侦查官、调查机关与调查官，可以在自身管辖权内对上述人员采取本法典第 166 条第 9 款、第 186 条第 2 款、第 193 条第 8 款、第 241 条第 2 款第 4 项与第 278 条第 5 款规定的安全措施，以及其他俄罗斯联邦法律规定的安全措施。

（注：本款规定依据俄罗斯联邦联邦法 2009 年 6 月 29 日第 141 号联邦法令于 2009 年 7 月 14 日补充适用；依据俄罗斯联邦联邦法 2010 年 12 月 28 日第 404 号联邦法令于 2011 年 1 月 15 日补充适用。）

4. 行为人，鉴于法院及进行刑事追诉的公职人员对其权利与自由的侵害结果而导致遭受损害的，应当依据本法典规定原则与程序对其予以赔偿。

第 12 条　住宅的不受侵犯性

1. 住宅勘验，仅在获得该住宅居住住户的许可或者依据法院的判决方可进行。但是，本法典第 165 条第 5 款规定的情形除外。

2. 只有根据法院判决，才能在住宅中进行搜查与物品收缴。但是，本法典第 165 条第 5 款规定的情形除外。

第 13 条　通信、电话与其他谈话，邮件、电报与其他通讯保密

1. 只有在法院作出判决的基础上，才可以对公民的通信、电话与其他谈话，以及邮件、电报与其他通讯保密的权利予以限制。

2. 对邮件与电报的扣押以及在邮政部门的收缴，对电话与其他谈话的监听与录音，对用户与用户设备间连接信息的获取，只有在法院作出判决的基础上才可以进行。

（注：本款规定依据俄罗斯联邦联邦法 2002 年 5 月 29 日第 58 号联邦法令颁布适用；依据俄罗斯联邦联邦法 2003 年 7 月 4 日第 92 号联邦法令于 2003 年 7 月 11 日颁布适用；依据俄罗斯联邦联邦法 2010 年 7 月 1 日第 143 号联邦法令于 2010 年 7 月 18 日补充适用。）

第 14 条　无罪推定

1. 刑事被告人，在其罪过依据本法典规定程序未被证明，抑或未被法院产生法律效力的刑事案判决所确定之前，应当被认定是为无罪的。

2. 犯罪嫌疑人或者刑事被告人，没有义务证明自己的过错。对犯罪嫌疑人或者刑事被告人辩护中的指控与反驳理由予以证明的责任，应当由控诉方承担。

3. 所有对刑事被告人是否具有过错的怀疑，不能依据本法典规定程序予以排除的，均应作有利于刑事被告人的解释。

4. 认定有罪的刑事案判决，不得以假定作为认定的基础。

第 15 条　控辩双方辩论制

1. 刑事诉讼程序应当在控辩双方辩论对抗的基础上进行。

2. 刑事案件的指控、辩护与审理职能应当互相分离，不能同时由同一机关或者同一公职人员履行。

3. 法院不是刑事追诉机关，不应当倾向于控诉方或者辩护方。法院只为双方履行诉讼义务、实现应当享有的诉讼权利创造必要条件。

4. 控辩双方法庭面前地位平等。

第 16 条　对犯罪嫌疑人与刑事被告人辩护权利的保障

1. 保障犯罪嫌疑人与刑事被告人能够独自行使或者在辩护人与（或者）法定代理人的帮助下行使辩护权利。

2. 法院、检察官、侦查官与调查官，应当向犯罪嫌疑人与刑事被告人说明其所享有的权利，并保障他们能够使用本法典不予禁止的所有方法与手段进行辩护。

3. 在本法典作出规定的情况下，对刑事案件进行审理的公职人员，应当保障犯罪嫌疑人或者刑事被告人的辩护人与法定代理人必须参与刑事案件的诉讼程序。

4. 在本法典与其他联邦性法律作出规定的情况下，犯罪嫌疑人与刑事被告人可以无偿借助辩护人的帮助。

第 17 条 证据评价自由（自由心证）

1. 法官、陪审团成员以及检察官、侦查官、调查官应当遵从法律与良知的引导，依据自己在汇总刑事案件所有证据时取得的内心确信，对证据予以评价。

2. 任何证据不具有预先确定的效力。

第 18 条 刑事诉讼程序的应用语言

1. 在刑事诉讼程序中的应用语言应当为俄语，以及俄罗斯联邦各加盟共和国的国家语言。俄罗斯联邦最高法院、各军事法院的刑事案件诉讼程序，应当使用俄语进行。

（注：本款规定依据俄罗斯联邦联邦法 2002 年 5 月 29 日第 58 号联邦法令补充适用。）

2. 如果刑事诉讼程序的参与人不通晓或者不完全通晓刑事案件诉讼程序的应用语言，应当对其使用并保障他们使用本民族语言抑或其所掌握的其他语言进行声明、作出解释与说明、递交请求、提起上诉、对刑事案件材料进行阅卷、出庭参与审理的权利，以及依据本法典规定程序无偿获得翻译帮助的权利。

3. 依据本法典规定，如果侦查文件与诉讼文件必须交付犯罪嫌疑人、刑事被告人以及其他刑事诉讼程序参与人的，则上述文件应当被翻译为相关的刑事诉讼程序参与人本民族语言或者其所通晓的其他语言。

第 19 条 对诉讼行为与判决提起申诉的权利

1. 对法院、检察官、侦查机关负责人、侦查官、调查机关与调查官的行为（不作为）与判决，可以依据本法典规定程序提起申诉。

（注：本款规定依据俄罗斯联邦联邦法 2007 年 7 月 24 日第 214 号联邦法令于 2007 年 9 月 7 日补充适用。）

2. 任何被处刑的人员，都有权依据本法典第四十五章之一、第四十七章之一、第四十八章之一与第四十九章规定程序向上级法院提请对其刑事案判决进行重新审理。

（注：本款规定依据俄罗斯联邦联邦法 2010 年 12 月 29 日第 433 号联邦法令于 2013 年 1 月 1 日颁布适用。）

法　国

刑事诉讼法典*

典首条文

（2000 年 6 月 15 日第 2000－516 号法律，
2013 年 8 月 5 日第 2013－711 号法律）①

一、刑事诉讼程序应当是公正的对审程序，应当保障各方当事人的权利平衡。

刑事诉讼程序应当保证负责公诉的权力机关与审判权力机关分开。

处于相似条件、因相同犯罪受到追诉的人，应当按照相同规则审判。

二、司法机关务必告知并保障被害人在任何刑事诉讼程序中的权利。

三、犯罪嫌疑人或者受到追诉的任何人，只要没有认定其有罪，均推定无罪。对无罪推定的妨害，按照法律规定的条件预防、赔偿和制裁。②

犯罪嫌疑人或者受到追诉的任何人，均有权被告知其受到指控的罪名与证据，并有权得到辩护人的协助。

---

* 本法典于 1957 年 12 月 31 日由法国国民议会颁布第一卷，1958 年 12 月 23 日对第一卷进行了修改，同时颁布了法典的第二至五卷，1959 年 3 月 2 日实施，后历经多次修改。法典包括立法与实施法令两部分。本译本仅翻译立法部分的条文。本译本根据法国法律公共服务网站 legifrance 2014 年 12 月 29 日提供的法语文本翻译。

① 法国法律修改频繁。本法典正文标题或条文中括号内标明的某年某月某日第 × 号法律或法令，凡是未作特别说明的，均指该条文或者相应的文字曾经由该法律或法令修改。——译者注

② 法国《民法典》第 9－1 条规定：任何人均享有无罪推定的权利。一个人在受到任何有罪判决之前，被公开作为受到司法调查或预审之犯罪事实的罪犯介绍时，法官得命令甚至依紧急审理程序命令采取一切措施，诸如登载更正事项或发布公告，以制止对无罪推定的侵害，且不妨碍对受到的损害给予赔偿，由此引起的全部费用，由负有侵害无罪推定之责任的自然人或法人承担。——译者注

犯罪嫌疑人或者受到追诉的人如果不懂法语，有权得到 1 名翻译运用其懂得的语言提供协助，直至程序终结，其中包括在与其律师进行的、与任何讯问或开庭有直接联系的谈话中提供协助；犯罪嫌疑人或者受到追诉的人，除作出明确的放弃表示之外，有权取得为进行辩护与保证诉讼的公正性所必不可少的、按照本法典的规定应当向其提交或通知的主要书面材料的翻译文本。

依据司法机关的决定或者在司法机关的切实监督之下，可以对犯罪嫌疑人或受到追诉的人采取强制措施；该措施必须严格限于程序之必要，与指控的犯罪的严重程度相适应，且不侵犯人的尊严。

对当事人受到的控告，应当在合理期限内作出最终审理裁判。

任何人在被判决有罪时，均有权请求另一法院审查其受到的有罪判决。

重罪与轻罪案件，不得仅以当事人未能与其律师交谈并且未得到律师协助而作出的声明为依据而对该人宣告任何有罪判决。

芬　兰

刑事诉讼法[*]

第一章　提起控诉的权力

【总则】

第 1 条

（1）非经依法享有起诉权之人对犯罪行为提起指控，刑事案件不予受理。

（2）法院可以依职权对扰乱法庭秩序的人判处刑罚。①

---

* 本法于 1997 年 7 月 11 日由芬兰议会批准，1997 年 10 月 1 日实施。最近一次修正时间是 2015 年 7 月 12 日。本译本根据芬兰司法部官网提供的英语文本翻译。

① 本款的原文是：However, a court of law may, on its own initiative, sentence a person to punishment for a procedural infraction. 之所以将"procedural infraction"翻译成"扰乱法庭秩序"，是因为在刑事诉讼法上，法院只有在行为人扰乱法庭秩序并构成犯罪的情况下才可以突破"不告不理原则"的限制，而径直对犯罪人判处刑罚。——译者注

芬兰共和国宪法*

(1999年6月11日芬兰议会通过，
2000年3月1日生效)

第二章 基本权利

第 7 条 生命权、人身自由权和人身不受侵犯

人人享有生命权、人身自由权、身体不受侵犯和安全的权利。

任何人不得被判处死刑、施以酷刑或被以侵害其人格尊严的方式对待。

个人身体不受侵犯。无法定依据不得任意剥夺公民自由。未经法庭审判不得判处剥夺公民自由。其他丧失自由的处罚是否合法，可以提交法庭重审。丧失自由者的权利受法律保障。

第 8 条 罪刑法定原则

行为时法律无明文规定，任何人不得被视为有罪，亦不得被判刑。量刑不得超过犯罪时法律规定的幅度。

第 21 条 司法保障

人人有权使自己的案件在法定有权法庭或其他公权机关得到公正、及时的审理，人人有权使涉及自己权利义务的决定得到法庭或其他独立执法机构的审理。

审判公开、听审请求权、获得公正判决和上诉的权利，以及其他审判公正和实施良政的保证措施，应受到法律保障。

---

* 文本来源于芬兰司法部网站的该国宪法芬兰语版。

荷　兰

荷兰刑事诉讼法典[*]

第一编　总　　则

第一章　刑事诉讼程序的一般规定

第一节　绪　　则

第 1 条　刑事诉讼程序应当依据法定方式进行。

荷兰王国宪法[**]

（1814 年 3 月 16 日荷兰北部省份 55 名代表组成的总议会通过，1814 年 3 月 29 日公布，1815 年 8 月 24 日生效）

第一章　基本权利

第 15 条

（1）除非依照或者基于议会法令的规定，否则任何人均不得被剥夺自由。

---

[*]　本法典于 1921 年 1 月 15 日由荷兰议会批准，1926 年 1 月 1 日生效。截至交稿前，最后一次修正时间是 2015 年 3 月 28 日。本译本来源于 http：//www.ejtn.eu/PageFiles/6533/2014% 20seminars/Omsenie/WetboekvanStrafvordering_ ENG_ PV.pdf（2015 年 5 月 15 日访问）提供的英文文本，以及参考 2003 年法律出版社郎胜、熊选国主编的《荷兰刑事诉讼法（节译）》一书翻译，该书语言为汉语。

[**]　文本来源于荷兰王国内政与王国关系部宪法事务与立法分支和外交部翻译分支 2008 年共同公布的该国宪法英文版。

（2）任何个人，非基于法院命令被剥夺自由的，均得请求法院下令被释放。在此种情况下，法院应在议会法令规定的时间内听取当事人的陈述。如果法院认为上述剥夺自由的行为为非法，则应下令立即予以释放。

（3）应在合理的时限内审讯被剥夺自由者。

（4）对被依法剥夺自由者，在其行使基本权利与被剥夺自由不相容的范围内，得限制其行使基本权利。

第 16 条 定罪量刑应当基于犯罪当时生效的法律。

第 17 条 非经其本人同意，任何人均不得被剥夺依法受法院审判的权利。

第 18 条

（1）在法律和行政程序中，任何人均得依法委托代理人。

（2）有关向低收入当事人提供法律援助的办法由议会法令规定。

克罗地亚

克罗地亚刑事诉讼法典[*]

第一编 总 则

第一章 基本原则

第 1 条 （1）本法确立的法律原则旨在保证无辜的人不被定罪，保证对实施犯罪的人所处的惩罚或其他一些措施是由有管辖权的法院依据法律规定的条件、适用合法程序作出的。

（2）在作出终局判决前，被告人的自由以及其他权利只有在本法规定的条件下才受限制，并与其刑事犯罪的严重程度、被怀疑程度以及受保护财产的危险及损坏程度相当。

（3）根据本法以及其他法律规定的条件，为了揭露刑事犯罪的实施者可以提起诉讼。

---

[*] 本法典于 2009 年 1 月 1 日开始实施。本译本根据法律在线网站（http://www.legislationline.org）提供的英语文本翻译。

第 2 条 （1）刑事诉讼应当经被授权起诉者的请求而提起。

（2）在涉及公诉罪行的案件中，被授权的起诉者应当是国家检察官；在自诉案件中，被授权的起诉者应当是自诉人。

（3）除非本法另有规定，有合理理由怀疑某人实施了刑事犯罪且属于公诉案件，并且对其追诉无法律阻却事由时，国家检察官必须提起诉讼。

（4）对法律规定的某些刑事犯罪，国家检察官应当仅依据受损人的动议提出起诉（第 197 条）。

（5）刑事起诉应在犯罪报告载入犯罪报告记录中时（第 205 条第 4 款）或主管机关采取了任何限制个人权利和自由的行动或措施时启动，并且应当旨在查明特定人实施某项刑事犯罪的嫌疑。国家检察官或者任何其他被授权的起诉人停止起诉或者经由法院裁判停止起诉的，刑事诉讼应当终止。

（6）如果国家检察官认为没有理由提出或进行刑事起诉，他的角色可由受损人在本法所规定的条件下作为辅助起诉人来承担。

第 3 条 （1）直至终审判决确定有罪前，任何人都是无罪的并且没有人能使其对刑事犯罪负责。

（2）构成犯罪要件的事实存在疑问，或是刑事法律的实施条件存在疑问的，法庭应以更有利于被告人的方式作出裁判。

第 4 条 （1）依据本法对当事人和辩护律师进行听证时，法庭应当确保各方提交证据的机会平等。

（2）法庭和参与刑事诉讼的国家机关在审查、判断事实时应当同等关注对被告人不利的事实和对其有利的事实。

（3）国家检察官办公室、侦查人员和警察机关应当独立地、无偏倚地将提起公诉的依据向刑事犯罪嫌疑人作出解释。这些机关有义务同等收集证明被告人有罪和无罪的证据。

第 5 条 （1）被告人有权自行辩护，或者依据其意愿从律师名单中选择辩护律师为其提供帮助。根据本法的规定，如果被告人没有辩护律师，为了提供辩护，应当为被告人指定一名辩护律师。

（2）在本法规定的条件下，如果被告人无力聘请辩护律师，则应当依据被告人的请求为其指定辩护律师并从预算基金中支付费用。

（3）法院或其他参与刑事诉讼的机关应当告知被告人享有聘请辩护律师的权利以及在讯问前不受阻碍地与辩护律师进行交流的权利。

（4）必须给予被告人充分的时间和便利来准备辩护。

第 6 条 （1）在本法所规定的程序中，基于种族、族群、肤色、性别、语言、宗教、政治或其他见解、国籍或社会出身、收入、工会成员、教育、社会地位、婚姻或家庭地位、年龄、健康状况、残疾、遗传基因、出生、表达能力或性取向的歧视应予禁止。

（2）禁止对被告人、证人或任何其他人进行任何医学干预，或者在他们陈述时给予可能影响其意志的药物，或使用武力、威胁或者其他类似的方式。

（3）违反本条第1款和第2款获得的供述不得在程序中作为证据。

第7条　（1）被限制人身自由或采取其他强制措施的任何人，都应当依法享有经法院或其他主管国家机关组织进行听证的权利，有权被告知采取措施的原因以及在诉讼中享有的权利。

（2）因涉嫌实施某一刑事犯罪而被逮捕的人应当被立即告知下述内容：

①以他能理解的方式告知其被逮捕的原因；

②他没有证实自己犯罪的义务；

③他有权获得由自己选择的辩护律师提供的法律帮助；

④根据他的请求，主管机关应当将其已被逮捕的情况告知其家人或被告人指定的其他人。

第8条　（1）在刑事诉讼中应使用克罗地亚语和拉丁文字，除非法律规定在特定地区使用其他语言或者文字。

（2）当事人、证人及其他诉讼参与人有权使用自己的语言。如果没有以他们的语言进行诉讼的，应当对证人证言提供口译，对文件以及其他书面证据提供笔译。口译和笔译都应当通过翻译人员进行。

（3）涉及本条第2款规定的人应当在第一次讯问前被告知其享有获得翻译的权利，如果其使用进行诉讼的语言的，可以放弃这一权利。法院应当在笔录中记入告知过此信息和此人的回应。

（4）裁判和信函（传票及其他法律文书）应当由进行诉讼的国家机关以克罗地亚语和拉丁文字做出。起诉书、上诉状以及其他文书应以克罗地亚语言或者拉丁文字提交给法院。如果法律规定其他语言或文字在法院管辖范围内的特定地区可以作为官方用语使用的，文书也可以此语言或文字提交给法院。在审判开始以后，已提交文书的人未经法院批准不得撤回其将在诉讼中使用某种语言的决定。

（5）被逮捕的人、处于审前羁押或侦查羁押的被告人或者正在服刑的人，在诉讼中应当收到用其所使用的语言翻译的裁判、信函和传票。

（6）被剥夺自由的外国人在审判程序中可以向法庭提交用其本国语言书写的文书，在审判前和审判后阶段则只有在互惠条件下才能如此。

第9条　（1）法院和参与刑事诉讼的国家机关有评估事实存在或不存在

的权力，不应被特殊的证据形式规则所约束或限制。

（2）法院和其他国家机关必须清晰地陈述他们所作决定的理由。

第 10 条 （1）法院判决不能建立在以非法手段获得的证据上（非法证据）。

（2）非法证据是指下列证据：

①以违反宪法、国内法或国际法中禁止的酷刑、残酷或者不人道待遇获得的证据；

②以违反宪法、国内法与国际法中保障的辩护、尊严、名声、荣誉、不受侵犯的隐私和家庭生活这些基本人权获得的证据；

③以违反本法明确规定的刑事程序条款获得的证据；

④通过非法证据获得的证据。

（3）违反本条第 2 款第 2 项规定的权利和自由所获得的证据，具备下列情形的不应视为非法证据：

①该行为的违法性被刑法排除的；

②在针对严重犯罪的普通刑事诉讼程序中，权利侵害的暴力程度与种类显著轻于犯罪严重程度的。

（4）法院的裁判不能只基于本条第 3 款第 2 项规定的证据作出。

第 11 条 （1）被告人有权在最短的时间内被带至有管辖权的法院以决定对其的指控，侦查羁押或其他剥夺、限制被告人人身自由的期限应当限制在必要的最短时间内。

（2）诉讼应当不被拖延地进行，法院与其他国家机关应当防止诉讼参与人滥用权利。在被告人人身自由被暂时剥夺的诉讼中，法院和其他国家机关应当迅速进行诉讼。

（3）当事人、辩护律师、受害人、法定代表人或法定监护人在刑事诉讼中因其行为而明显滥用权利的，应当由法院裁定剥夺其权利。对该裁定的上诉不能中止其执行。

（4）在本条第 3 款规定的情形下，如果被告人一直没有辩护律师的，合议庭主席应当根据诉讼进行机关的请求依据职权为被告人指定一名辩护律师。

第 12 条 （1）对任何人已经经过审理并且宣布终审判决的罪行，不得再次提起刑事起诉。

（2）对经终审判决无罪的人不得重新启动刑事诉讼。

第 13 条 除非本法另有规定（第 544 条第 2 款），在只能有利于被告人而启动的司法救济中，不得对判决作出不利于被告人的变更。

第 14 条 被不当定罪或逮捕的人享有获得完全恢复原状、从预算基金中获得赔偿以及法律规定的其他权利。

第 15 条　法院或者进行诉讼的其他机关应当告知被告人或其他诉讼参与人，其依据本法所享有的权利以及不作为的后果。

第 16 条　（1）被害人和受损人享有本法规定的权利。

（2）警察、侦查人员、国家检察官和法院应当对刑事犯罪的被害人给予特别关注。当在刑事诉讼中针对被告人作出裁判时或者在刑事诉讼中被害人必须亲自参加时，这些机关应当依据本条第 3 款和本法第 43 条至第 46 条的规定告知被害人并且应维护被害人的利益。

（3）因刑事犯罪造成严重心理损害或者产生严重后果的被害人有权依法获得免费顾问提供的专业帮助。

（4）严重暴力犯罪的被害人有权从国家预算基金中获得赔偿。该经费应从因为刑事犯罪而被科处的罚款和没收的金钱收益所组成的特别基金中支出。

（5）在本法规定的条件下被害人可以以受损人的身份参加刑事诉讼。

（6）国家检察官和法院必须在刑事诉讼的每一个阶段审查被告人和受损人之间就刑事犯罪引起的损害是否存在和解的可能性，并且经过受损人的明确同意，最后将他们引向获授权的自然人或法人心理咨询中心。咨询中心必须在 6 个月内向主管的国家机关提交一份报告。

第 17 条　（1）刑事诉讼应当通过下列行为启动：

①确认起诉书；

②在提起自诉的基础上安排庭审；

③宣布签发刑事命令的判决（第 541 条第 1 款）。

（2）当规定刑事诉讼的启动将导致限制某些权利的后果时，除非法律另有规定，这些后果从确认起诉书时生效，而当该刑事犯罪的主刑是罚款或不超过 5 年监禁刑时，则从有罪判决宣判之日起开始生效。

第 18 条　（1）如果刑事法律的适用依赖于对某个法律问题的先决裁判，且该裁判属于某一法院对其他诉讼形式的管辖范围或属于其他国家机关的管辖范围的，刑事法院可以通过适用刑事程序中规定证据程序的条款对该问题作出裁判。由刑事法院对该法律问题所作的裁判只对该法庭审理的案件有效。

（2）如果该先决问题已经由法院在其他种类的程序中或由其他政府机关作出了裁判，则该裁判对刑事法庭针对行为人是否实施了一项刑事犯罪的裁决并没有约束力。

（3）如果进行诉讼的法院认为相关欧洲法院适用有关欧盟法规和措施或解释对本条第 1 款问题的裁判是必要的，它应当中断程序并向欧洲法院提交作出裁判的请求。

拉脱维亚

刑事诉讼法[*]

第一部分　总　　则

第二章　刑事诉讼的基本原则

第 6 条　刑事诉讼的强制性质

被授权执行刑事诉讼的官员应当在其权限范围内提起刑事诉讼,并且应当在提起刑事诉讼的理由和根据均已清楚的前提下,使该诉讼严格遵守界定刑事法律关系的刑法规范。

第 7 条　刑事诉讼的起诉

1. 若无本法其他规定,执行刑事诉讼应当维护社会利益而非实现被害人的意愿。刑事诉讼中应当由检察官代表国家行使起诉的职能。

2. 在被害人提出请求的情况下,应当对刑法规定的下列犯罪提起刑事诉讼:第 90 条、第 130 条、第 131 条、第 132 条、第 136 条、第 157 条、第 159 条第 1 款、第 160 条第 1 款、第 168 条、第 169 条、第 180 条、第 185 条第 1 款、第 197 条、第 200 条第 1 款和第 260 条第 1 款。如果被害人因身体或智力缺陷无法自己行使权利的,在没有被害人请求的情况下也可以提起刑事诉讼。

第 8 条　平等原则

刑事诉讼法为所有参与刑事诉讼的人确定统一的诉讼规则,无论其出身、社会和经济状况、职业、公民身份、种族、国籍、宗教信仰、性别、教育、语言、居住地和其他条件有何不同。

第 9 条　在刑事诉讼中的义务

1. 在已提起的刑事诉讼中,任何人都有义务遵从被授权执行刑事诉讼的

---

[*] 本法于 2005 年 4 月 21 日由拉脱维亚共和国议会批准,2005 年 10 月 1 日实施。最近一次修正时间是 2012 年 1 月 10 日。本译本根据拉脱维亚共和国议会官网提供的英语文本翻译。

官员的要求，并遵守法律规定的诉讼程序。

2. 对诉讼要求的合法性和有效性的争议应当根据本法规定的程序进行，但该争议不排除遵从上述要求的义务。

3. 由法律规定的具有刑事诉讼豁免权的人享有免予履行本条第 1 款规定义务的权利。

第 10 条　刑事诉讼的豁免权

刑事诉讼豁免权完全或部分地使一个人免予参加刑事诉讼、提供证据、提交文书和物品，并禁止或限制对该人提起刑事诉讼、采取强制措施以及进入该人拥有的处所进行侦查。

第 11 条　刑事诉讼中使用的语言

1. 刑事诉讼过程中应当使用官方语言。

2. 如果参与刑事诉讼有权进行辩护的人、被害人及其代理人、证人、专业人员、专家、审计师，以及其他诉讼参与人不使用官方语言，在进行诉讼活动时该人有权使用其能够理解的语言，并免费让口译人员协助，口译人员的参与需由主持诉讼的人予以保障。在审前程序中，侦查法官或法庭应当允许口译人员参加该侦查法官或法庭管辖的问题的听证会。

3. 当给不懂官方语言的刑事诉讼参与人签发诉讼文书时，法律应当保障该人有获得翻译为其本人能理解的语言文书的权利。

4. 诉讼程序负责人可以用另一种语言进行一项独立的诉讼活动，并将译为官方语言的诉讼文书作为附件。

5. 在刑事诉讼中，只有在诉讼程序负责人确定必要的情况下，才将以另一种语言提起的起诉状翻译成官方语言。

第 12 条　公民权利的保障

1. 刑事诉讼的执行应当遵循国际公认的公民权利，禁止给公民强加不合理的刑事诉讼义务或对公民正常生活过度干预。

2. 在遵守本法规定程序的情况下，基于公共安全需要，或者根据刑事犯罪的特点和危险性确实需要，才可以限制公民的权利。

3. 只有征得侦查法官或法庭的同意，才可以采取以下强制措施：限制公民人身自由、侵害偏远的公共区域豁免权、侵害通信和其他通信手段的隐私权。

4. 执行刑事诉讼的官员有义务保护公民的个人隐私和商业秘密。该隐私权的相关信息只有在为澄清待证明的事实且确有必要时，才能被获取和使用。

5. 在对规范刑事法律关系没有必要时，自然人有权要求排除下述相关信息：私人生活、商业活动、该人的财务状况或该人的未婚夫或未婚妻、配偶、父母、祖父母、子女、孙子女、兄弟或姐妹以及与其共同生活的人、与其有共同的（结合的）家庭的人（以下称直系亲属）。

第 13 条　禁止酷刑与侮辱

1. 在刑事诉讼中，不得对当事人进行侮辱、勒索、施加酷刑、以酷刑或暴力相威胁或使用暴力。

2. 对于拒不实施独立的诉讼活动，因而阻碍诉讼进程，或拒绝按时履行诉讼义务的人，可以采取法律规定的保证诉讼活动进行的强制措施。

3. 在特殊情况下，为制止一个人的反抗行为，诉讼活动的执行人或由其邀请的国家警察局的工作人员可以采取强制力，但不得施加不必要的痛苦或侮辱。

第 14 条　在合理期限内完成刑事诉讼的权利

1. 每个人都有权在合理期限内完成刑事诉讼，即禁止不合理的拖延。在合理期限内完成刑事诉讼与以下因素有关：案件范围、法律复杂性、诉讼活动量、诉讼参与人对履行义务的态度以及其他客观条件。

2. 诉讼程序负责人应当根据具体情况选择最简便的刑事诉讼类型，严禁不当干预公民的生活或者造成毫无根据的支出。

3. 相对于其他刑事诉讼程序，应优先保证下述刑事诉讼程序的合理期限：已采取限制人身自由的强制措施或有获得特别诉讼保护的人参与其中。

4. 相对于针对成年人的类似刑事诉讼，应当优先保证未成年人刑事诉讼的合理期限。

5. 不遵守合理的期限可以作为按照本法规定的程序终止诉讼的根据。

第 15 条　法庭对案件的裁判权

每个公民都享有由法院对案件进行公正、客观、独立裁判的权利。

第 16 条　刑事诉讼客观进行的权利

1. 实施刑事诉讼的官员、口译人员和专家在下列情况下应当回避：该人与诉讼结果有利害关系，或存在使刑事诉讼参与人有合理理由相信该利害关系可能存在的情况。

2. 如果存在本条第 1 款规定的情况，辩护人、被害人及其诉讼代理人以及非主导诉讼程序但被授权实施刑事诉讼的官员有权提出异议。

3. 主导诉讼程序的人或法律规定的官员应当主动或在提出异议的基础上中止本条第 1 款规定的人员参与诉讼，但这些人为自己申辩的除外。

第 17 条　诉讼职能的分离

在审前程序中对人权限制的职能与在刑事诉讼中的起诉、辩护及法庭裁判职能应当分离。

第 18 条　诉讼权利义务相对等

刑事诉讼参与人应在法律保障下平等地履行刑事诉讼中的法定义务，并享有刑事诉讼中的法定权利。

第 19 条　无罪推定

1. 任何人未经本法规定的程序被确定有罪，均应当推定为无罪。
2. 犯罪嫌疑人、被告人及其辩护人不需要证明自己无罪。
3. 如果无法排除关于有罪的合理怀疑，应当被认定为有利于犯罪嫌疑人、被告人。

第 20 条　获得律师帮助的权利

1. 犯罪嫌疑人或被告人有获得辩护律师帮助的权利，有权知道自己涉嫌或被指控实施的罪行及选择自己的辩护人。
2. 犯罪嫌疑人、被告人可以自行辩护，也可以在本法规定的辩护律师的范围内，按照自己的意愿选择聘请辩护律师。
3. 在本法规定的特定情形中，辩护律师参与刑事诉讼是强制性的。
4. 如果当事人因经济困难不能聘请辩护律师，国家应当确保该人获得辩护律师帮助并由国家向辩护律师支付报酬，使该人完全或部分地免予支付该报酬。

第 21 条　合作权

1. 为了促进刑事法律关系的管理，犯罪嫌疑人、被告人可以与被授权执行刑事诉讼的官员合作。
2. 本条第 1 款规定的双方可以通过以下方式进行合作：
（1）选择最简单的诉讼类型；
（2）推进诉讼进程；
（3）检举揭发他人的犯罪行为。
3. 本条第 1 款规定的双方从刑事诉讼开始至刑罚执行结束前都可以进行合作。

第 22 条　损害赔偿权

法律保障刑事犯罪的被害人在其精神损害、人身伤害和经济损失上享有要求获得精神赔偿和经济赔偿的权利。

第 23 条　法庭裁判

在刑事案件中，法庭应当以法庭的名义作出裁判。在庭审中，应当审查决定对当事人起诉的合法性，免除无辜者的刑事责任或认定刑事犯罪中的无辜者，以及决定由国家机关及工作人员对刑事法律关系规范的执行。如有必要，可以强制执行。

第 24 条　受到威胁情况下的人身和财产保护

1. 在当事人因履行相关刑事诉讼义务而受到威胁时，有权要求诉讼程序负责人采取法定措施，保护其人身及财产安全。

2. 获得本条第 1 款规定的信息时，诉讼程序负责人应当根据具体情况和必要性，决定采取以下一个或多个措施：

（1）另行提起刑事诉讼，侦查该威胁；

（2）为被威胁人选择相应的安全措施；

（3）作出特殊诉讼保护被威胁人的决定；

（4）指定执法机构对该人或其财产进行保护。

3. 如果本条第 2 款规定的措施无法阻止对当事人生命的实际威胁，诉讼程序负责人应当拒绝使用引发威胁的证据。

第 25 条　禁止双重危险（一事不再理）

1. 对同一刑事犯罪只能审判和处罚当事人一次。

2. 重复审判不包括：

（1）按照法定的上诉程序，之前的法院判决在其生效前已被撤销，任何审级的法院对刑事案件的重复判决；

（2）基于依程序发现的新情况及其他法定情况，对刑事案件进行的重新判决。

3. 在法律规定的情况下，即使判决已经生效，由于罪犯的条件已经改变，刑事案件可以重新判决。

4. 在本条中，刑罚是指按照刑法规定作出的处罚决定，以及实施强制措施的决定或具体刑事诉讼结束时判决中规定的强制性义务的决定。

5. 在惩罚当事人时，如果确定该人因同样的行为已受到行政处罚，该行政处罚应当被撤回并在确定刑罚时予以考虑。

6. 如果犯罪嫌疑人、被告人的同一罪行已在外国被判定有罪或无罪，且拉脱维亚与该国已有相互承认刑事判决的协议或遵守一事不再理原则的协议，则该当事人可免予在拉脱维亚受到审判和处罚。如果当事人已在国外被定罪，即使进行重新审判，应当将对其已执行的刑罚包含在重新判决的刑罚中。

7. 在处罚法人时，自然人如果单独犯罪，或作为相关法人的法定代表人而犯罪且利用其权力命令他人犯罪，或代表法人作出决定，或在法人内部或为法人服务而对他人施加控制，则自然人构成犯罪。在上述情况中，自然人也因为法人的利益犯罪而受到处罚，这并不违反一事不再理原则。

挪　威

挪威王国宪法[*]

（1814年5月17日国民会议通过）

第五章　一般规定

第 95 条　法律面前平等

在国家新法典生效以后，不得再给予豁免、免于民事拘留、延期支付或赔偿。

第 96 条　无罪推定与禁止酷刑

非依据法律不受指控，非依据法院的判决不受惩罚。严禁刑讯逼供。

第 97 条　禁止溯及既往

任何法律都不具有溯及既往的效力。

葡　萄　牙

葡萄牙刑事诉讼法典[**]

总　　则

第 2 条　诉讼程序的合法性

适用刑罚和保安处分措施时，应当依据本法典的规定方得实施。

---

[*] 文本来源于 http://www.servat.unibe.ch/icl/no00000_.html。

[**] 本法典于1987年1月15日由部长会议审查并核准，于1987年6月1日实施，但部分文本自1988年1月1日起实施。截至2015年底，本法典经历了28次修订，此译本为第29版，自2015年9月4日生效。本译本根据里斯本总检察长网站（http://www.pgdlisboa.pt）提供的葡萄牙语文本翻译。

第 3 条　补充适用

本法典的规定,补充适用于由特别法规范的刑事诉讼程序,但是法律另有规定的除外。

第 4 条　漏洞填补

出现本法典未规定的情况,又无法类推适用本法典时,可参照适用与刑事诉讼程序协调的《民事诉讼法典》的有关规定;《民事诉讼法典》也无相关规定的,适用刑事诉讼程序的一般原则。

第 5 条　刑事诉讼法的时间效力

1. 本刑事诉讼法典立即适用,但不得损害根据本法典生效前的法律作出之行为的有效性。

2. 本法典生效前已经开始但尚未审结的诉讼程序,如果适用本法典会导致以下后果,则不得适用本法典:

(1) 导致被告人诉讼地位明显恶化,尤其是导致被告人的辩护权受到限制,但是可以通过不适用本法典而避免;或者

(2) 将会破坏该诉讼程序中各行为间的协调和统一。

第 6 条　刑事诉讼法的空间效力

本刑事诉讼法典适用于葡萄牙的全部领土,也包括根据国际条约、国际公约和国际法规则所定范围的外国领土。

第 7 条　刑事诉讼程序的充分性

1. 刑事诉讼程序的进行不取决于任何其他程序,一切有利于对案件作出裁决的问题,均在刑事诉讼程序中予以解决。

2. 为审理是否存在犯罪而有需要判定另一非刑事问题,而该问题无法在刑事诉讼程序中得到适当解决时,法官可以中止该程序,以便在非刑事诉讼程序中就另一问题作出裁决。

3. 提出控诉或者提出预审申请后,检察院、辅助人或者犯罪嫌疑人可以申请中止刑事诉讼程序,法官也可依其职权命令中止刑事诉讼程序。但是中止刑事诉讼程序不得妨碍紧急情况下进行取证措施。

4. 法官有权决定中止刑事诉讼程序的期间,如果因不可归责于辅助人或者犯罪嫌疑人的原因延误作出有关裁决的,则该期间最多可以延长至 1 年。检察院可以随时参与非刑事诉讼程序,以促使该程序迅速进行并通知刑事法院。如果期间届满,上述问题仍未解决,或者诉讼并未在最多一个月的期间内提起,则应当在刑事诉讼程序中就该问题作出裁决。

瑞　典

政府组织法

（1974年2月28日议会通过）

第二章　基本权利与自由

意见自由（第1条至第4条）

第4条

在瑞典不得实施死刑。

法治（第9条至第11条）

第9条

一、因犯罪或涉嫌犯罪而被法院之外的公共机构剥夺自由的公民，应享有不被无故拖延地将相关事项提交法院审查的权利。但是上述规定不适用于在另一个国家作出的、移交瑞典执行的刑事处罚判决。

二、由于除第一款中所提到的原因之外的原因而被强制关押的公民，也享有不被无故拖延地将相关事项提交法院审查的权利。在此种情况下，由审判庭对相关事项作出的审查可以被视为由法院作出的审查，但其条件是该审判庭的构成符合相关法律的规定，并且其庭长必须是或曾经是常任受薪法官。

三、如果本条第一款和第二款中所规定的相关事项未被提交到该两款中所规定的有管辖权的机构审查，则应将该事项提交一个具有普通管辖权的法院审查。

第10条

一、如果一个行为在其发生时不构成刑事犯罪，则不应对其施以任何刑罚或其他刑事处罚。对犯罪行为所施加的刑罚也不得重于犯罪发生时所适用的规定。以上有关刑罚的规定同样适用于财产的没收或刑事犯罪所导致的其他特别法律后果。

二、非根据在导致其征收需要的情况出现时已生效的法律，不得征收税、捐、费。如果议会认为出于某些具体原因而有必要，它可以在法律中规定征收税、捐、费，即使当上述提到的情况出现时这一法律尚未生效亦可征收，但其条件是内阁或一个议会委员会在相关的时间向议会提出此项建议。为前一规定之目的，政府向议会发送的、任何宣布即将提交此类建议的文书均可视为正式建议。此外，如议会认为出于与战争、战争威胁或严重经济危机相关的特别理由而必需，它可为本款第1句规定例外情况。

第 11 条

一、不得为审判一个已经实施的罪行、一个特定的争议或一个特定的案件而专门设立一个法庭。

二、法律程序必须以公正的方式，在合理的时间内完成。法庭程序应向公众开放。

保护个人不受歧视（第 12 条至第 14 条）

第 12 条

任何法律或其他规定均不得因任何人属于某个民族、种族或其他少数人群体，或因其性取向而使其受到不利待遇。

第 13 条

任何法律或其他法律文书均不得基于性别的原因而使任何人受到不利待遇，除非相关条款的目的是促进男女平等，或涉及义务兵役制度或任何相应的强制性国家服务制度。

瑞　　士

瑞士刑事诉讼法典[*]

第一编　适用范围及原则

第二章　刑事诉讼法的原则

第 3 条　尊重人的尊严、公正

1. 刑事司法机关应当在整个刑事诉讼过程中尊重所有诉讼参与人的人格尊严。

---

[*] 本法典于 2007 年 10 月 5 日由瑞士议会批准，2011 年 1 月 1 日起实施。本译本根据瑞士议会官网提供的英语文本翻译。

2. 他们尤其应当遵守：

a. 善意原则；

b. 不得侵犯他人权利的要求；

c. 对所有诉讼参与人一律平等公正且赋予其表达意见的权利；

d. 取证时禁止使用有损人格尊严的方法。

第 4 条　独立性

1. 刑事司法机关独立适用法律，仅受法律之约束。

2. 根据第 14 条向起诉机关发布指令的法定权力除外。

第 5 条　迅速处理

1. 刑事司法机关应当立即启动刑事诉讼程序并且非必要不迟延地结束诉讼。

2. 当被告人被羁押时，诉讼程序应尽快处理。

第 6 条　侦查的原则

1. 刑事司法机关应当依职权调查与评价犯罪行为及被告人相关的所有情况。

2. 应当以一视同仁的态度调查有罪的情形和无罪的情形。

第 7 条　起诉的义务

1. 当刑事司法机关知悉或者有理由怀疑在其管辖区域内一项犯罪业已发生，他们有义务启动并推进诉讼程序。

2. 各州可以规定：

a. 免除或者限制州立法机关、司法机关以及政府工作人员在州议会所作陈述的刑事责任；

b. 对执行刑罚和措施的人员以及对司法人员执行公务期间实施的重罪或轻罪的起诉，应当获得非司法机关的授权。

第 8 条　放弃起诉

1. 如果联邦法律允许，公诉人和法庭可以放弃起诉，尤其是根据瑞士《刑法典》第 52 条、第 53 条和第 54 条[①]的要求。

2. 除非与私人起诉者最重要的利益相抵触，满足下列条件时也应当放弃起诉：

a. 就可能判处的刑罚或措施而言，该犯罪与被告人被指控的其他犯罪相比并不重要；

b. 与最终判决中的量刑并处的任何额外刑罚是可以忽略的；

c. 当为起诉的犯罪判处刑罚时必须考虑其在国外已经被判处的相同刑罚。

---

① SR 311.0.

3. 除非与私人起诉者最重要的利益相抵触，如果该犯罪正被外国机关起诉或者即将起诉，检察官和法庭可以放弃追诉。

4. 在上述情况下，应当签发命令，说明不会提起任何诉讼或者当前诉讼已被终止。

第 9 条　不告不理原则

1. 仅当公诉人基于法定情形在适格法庭对特定个体提起相关指控时，犯罪才会受到司法审查。

2. 前述规定不适用于简易处罚令和违警罪程序。

第 10 条　无罪推定与证据评价

1. 任何人在被生效判决确认有罪之前，都应被假定无罪。

2. 法庭应当根据其在整个审判过程中所形成的心证自由解释证据。

3. 当法庭对指控犯罪是否满足事实要求存在无法排除的怀疑时，应当基于有利于被告人的假设作出处理。

第 11 条　禁止双重危险

1. 在瑞士，任何被生效判决裁决有罪或者无罪的人都不应因同一犯罪而被再次起诉。

2. 前述规定不适用于放弃或者终止起诉的程序，也不适用于案件的再审。

土 耳 其

1982 年土耳其共和国宪法[*]

（1982 年 11 月 7 日全民公投通过，
1982 年 12 月 9 日生效）

第一编　总　　纲

九、司　法　权

第 9 条　司法权由代表土耳其人民的独立的法院行使。

---

[*] 文本来源于土耳其宪法法院网站。

十、法律面前人人平等①

第 10 条② 任何公民不论语言、种族、肤色、性别、政治观点、哲学信仰、宗教、教派等因素,在法律面前一律平等。

男人和女人享有平等的权利。国家有义务确保男女之平等权利得以实施。为达此目的而采取的特别措施不应解释为违反平等原则。

针对儿童、老人和残疾人等需要特殊对待的人群而采取的措施不得认为违反平等原则。

不得赋予任何个人、家庭、集团或阶级以特权。

国家机关和管理部门应依照法律面前人人平等的原则处理其事务。

第二编 基本权利和义务

第二章 个人的权利和义务

一、个人的人身不可侵犯及其身体或精神完整

第 17 条③ 每个人都有生命权,以及保护和发展个人身体与精神实体的权利。

除有医疗需要和法律规定的情形外,个人的身体完整不受侵犯;未经本人同意,不得对其进行科学或医学试验。

不得对个人施加酷刑或者虐待。不得以损害人的尊严的方式对个人予以惩罚或处置。

因正当防卫而致人死亡,以及在执行拘留或逮捕令,制止被捕者或囚犯逃跑,镇压暴动或骚乱以及在戒严或紧急状态下执行有权机关下达的命令时,依法使用武器而造成的死亡,不属本条第 1 款规定的情形。

---

① 原文注:2004 年 5 月 22 日修正。
② 原文注:2008 年 2 月 9 日、2010 年 9 月 12 日修正。
③ 原文注:2004 年 5 月 22 日修正。

三、人身自由和安全

第 19 条①　每个人都享有人身自由和人身安全的权利。

除在法律规定程序和条件的下列情形外，任何人的人身自由都不受剥夺：执行由法院作出的限制自由的判决或实施安全措施；依照法院的裁决或法律的强制规定，拘留或逮捕有关人员；为执行对未成年人进行教育监管或为将其送交主管机关的命令；对危害公众的精神病患者、吸毒或酗酒者、流浪者或传播传染疾病危及公共健康的人根据相关法律规定采取措施对其予以治疗、教育或矫治；拘留或逮捕非法入境或企图非法入境的人，以及决定被驱逐出境或引渡他国的人。

对有明显犯罪证据的人，只有出于防止其逃脱、毁灭或伪造证据的目的，或在法律明文规定需要拘捕的其他类似情形下，经法官批准才可以拘捕。对现行犯罪或推迟拘捕会妨碍司法秩序时，得不经法官批准实施逮捕，此种逮捕的条件由法律加以规定。

对被拘留或逮捕的个人，应立即以书面形式将拘留或逮捕的理由及其被指控的罪名通知本人，在无法采取书面形式时可以采用口头方式；如属共同犯罪，则最迟应在移送法官前通知本人。

对被拘留或被逮捕的嫌犯，须在 48 小时内，如属共同犯罪则须在 4 日内，移送法官，此期限不包括从被逮捕地点移送至距离最近的法院所需要的时间。如超过上述规定期限，则未经法官裁定，不得剥夺任何人的自由。在紧急状态、军法实施或战争时期，可以延长上述期限。

被拘留者或被逮捕者的情况应立即通知其直系亲属。

被羁押者有权要求在合理的期限内进行审判，有权要求在调查或起诉期间被释放。为确保被释放人员在审判期间出庭或履行法院的判决，可以要求他们提供保证人。

无论出于何种原因被剥夺自由的人，均有权要求有关司法机关针对他们的情况尽快完成对他们的诉讼程序，如对他们自由的限制为非法，则可要求立即释放。

因受到违反上述规定的处置而受到损害的人员，须由国家依照赔偿法的规定给予赔偿。

---

①　原文注：2001 年 10 月 17 日修正。

十三、有关权利保障的规定

（一）主张权利的自由

第 36 条① 任何人都有通过合法的方式与程序，以原告或被告身份在法院进行诉讼、获得公平审判的权利。

任何法院都不得拒绝受理属于其管辖权范围内的案件。

（二）合法审判的保障

第 37 条 禁止在依法设立的法院以外的司法机构对个人进行审判。

不得设立导致任何人由所辖法院转至其他机关受审的具有审判权的特别法庭。

（三）关于犯罪与刑罚的原则

第 38 条② 根据行为时的法律不构成犯罪的行为不得处以刑罚；不得超过行为时所适用的刑罚而对犯罪行为施加更重的刑罚。

前款规定准用于对犯罪与刑罚以及生效刑事判决时效的法律。

刑罚和替代刑罚的保安措施只由法律规定。

任何人在法院证明其有罪前推定无罪。

禁止强迫个人做不利于其本人或其直系亲属的供述或者提供此类证据。

通过非法途径获得的证据不得采信。

刑事责任由个人本人承担。

任何人除非其无法履行合同责任，不得被剥夺自由。

不得以死刑和没收全部财产作为刑罚。

除为履行国际刑事法院的缔约方义务，公民不得因犯罪而被引渡给外国。

---

① 原文注：2001 年 10 月 17 日修正。
② 原文注：2004 年 5 月 22 日修正。

乌 克 兰

乌克兰刑事诉讼法典*

(第1条至第93-1条)
[第94条至第236-8条(1002-05)]
[第237条至第449条(1003-05)]
(根据1960年12月28日第1000-05号法律制定,
1961年第2号最高议会官方公报,第15页)

第一编 通 则

第一章 基本规定

第4条 提起刑事诉讼与处置犯罪的职责

法院、检察官、侦查员与调查机关在发现犯罪行迹的时候,应当在各自职能范围内提起刑事诉讼,并采取法律所规定的一切措施来查明犯罪,确定犯罪人的罪行,并使其受到惩罚。

第5条 非依法律规定的根据和程序,不得对任何人提起刑事诉讼

非依法律规定的根据和程序,任何人不得被提起刑事诉讼。

第14条 人身不受侵犯

任何人非经法院决定,不受逮捕。

对于任何被非法监禁,或者超过法律或法院判决所规定期限而受羁押的人,检察长应当立即予以释放。

(第14条根据乌克兰议会主席团1984年4月16日第6834-10号法律修正;根据2001年6月21日第2533-14号法律修正,于2001年6月29日生效。)

---

* 本法典于1960年12月28日由乌克兰最高议会批准。最近一次修正时间是2010年9月9日。本译本根据法律在线网站(http://www.legislationline.org)提供的英语文本翻译。

第 14-1 条　住宅不受侵犯，保护公民的生活、通信秘密、电话与电子通信、银行存款与账户

公民住宅不受侵犯。任何人没有法律依据均无权违反住户本人意志而进入其住宅。

公民的生活、通信秘密、电话与电子信息、银行存款与账户受到法律的保护。

搜查、提取、勘验公民住宅、扣押信件，以及在邮政或电信部门提取信息，必须严格根据本法典规定的理由与程序进行。

如果存在侵犯或针对被保护人的其他非法行为危险的，应当根据书面申请或被威胁者的书面同意而窃听电话或其他谈话，通过录音、录像监听、摄影与录影。（第 14-1 条第 4 款根据 2003 年 6 月 19 日第 965-15 号法律修正。）

应当根据信息所有者的授权或法院决定窃听电话或者其他谈话、获取包含银行秘密的信息，但《乌克兰恐怖主义控制法》另有规定的除外。（第 14-1 条第 5 款根据 2003 年 6 月 19 日第 965-15 号法律予以修改。）

（第 14-1 条根据乌克兰议会主席团 1984 年 4 月 16 日第 6834-10 号法令增订；根据 2000 年 1 月 13 日第 6834-14 号法律修正；根据 2002 年 1 月 10 日第 2922-14 号法律修正。）

第 15 条　只有法院才能进行审判

只有法院才能审理刑事案件。

任何人非经法院依法判决，不得被认定有罪和受到刑事处罚。

（第 15 条根据乌克兰议会主席团 1984 年 4 月 16 日第 6834-10 号法令修改。）

第 16 条　审判应当依照公民在法律和法院面前一律平等的原则进行

刑事案件的审判，应当依照公民不分出身、社会地位和财产状况、种族民族、性别、受教育程度、语言、宗教信仰、职业种类和性质、居住地区和其他情况，在法律面前一律平等的原则进行。

（第 16 条根据乌克兰议会主席团 1984 年 4 月 16 日第 6834-10 号法令修改。）

第 16-1 条　程序的对抗性与可选择性

法院以对抗制为基础审理案件。

案件审理过程中，起诉、辩护与裁定案件的功能不得集中于同一机构或个人。

检察长在法庭上代表政府进行诉讼。本法典中有特别规定的，由被害人或其代理人进行起诉。被告方的辩护由被告人本人或其辩护律师或法定代理人进行。

检察长、被告人、被告人的辩护律师或法定代理人、被害人、刑事附带民事原告、刑事附带民事被告及其代理人作为当事人参与法庭审理，在向法庭提出证据、质询证据和证明证据有效性方面享有同等的权利与自由。

法院在保持客观性与公正性的同时，应当为当事人履行诉讼义务与享受法定权利创造必要的条件。

由法院履行审理案件的职能。

（第16-1条根据2001年6月21日第2533-14号法律增订，于2001年6月29日生效。）

第18条　法官独立和只服从于法律

法官和人民陪审员在进行刑事审判时，都是独立的，并且只服从于法律。法官和人民陪审员根据法律与事实审理案件，不受外界的影响。

（第18条根据1992年12月15日第2857-12号法律修正。）

第19条　诉讼中使用的语言

刑事诉讼中使用乌克兰语或者当地多数居民所使用的语言。

应当保障不通晓程序所使用语言的诉讼参与人享有在法庭上使用其母语进行陈述、提供证言、提交审级、查阅案件记录，以及根据本法典的规定获得翻译人员帮助的权利。

侦查文件与审判文件应当依照本法典所规定的程序，翻译成刑事被告人的母语或其所通晓的其他语言送交刑事被告人。

（第19条根据乌克兰议会主席团1984年4月16日第6834-10号法令修正。）

第20条　法院审理公开

各级法院审理案件都应当公开进行，但是遇有与保护国家利益或者其他法定应当保护的秘密相抵触的情形除外。

对于未满16周岁的人犯罪的案件、性犯罪案件以及其他防止泄露诉讼参与人生活隐私情况的案件，与涉及保护相关人员安全利益的案件，法院可以作出说明理由的决定不公开审理。

不公开审理应当遵循全部诉讼规则进行。

法院判决一律公开宣布。

（本条第5款根据2001年6月21日第2535-14号法律废除，于2001年6月29日生效。）

（第20条根据乌克兰议会主席团1984年4月16日第6834-10号法令修正；根据2000年1月13日第1381-14号法律修正；根据2001年6月21日第

2533 – 14 号法律修正，于 2001 年 6 月 29 日生效；根据 2003 年 5 月 22 日第 850 – 15 号法律修正。）

第 21 条　保障犯罪嫌疑人、被告人与受审人的辩护权

保障犯罪嫌疑人、被告人和受审人享有辩护权。

调查人员、侦查员、检察长、法官与法院，在第一次讯问犯罪嫌疑人、被告人后受审前，应当告知其享有聘请辩护律师的权利并进行相关记录，还应当为犯罪嫌疑人、被告人提供通过法律救济进行自我辩护的可能性，并保证维护其人身权利和财产权利。

（第 21 条根据 1993 年 12 月 13 日第 3789 – 12 号法律修改。）

第 22 条　对案情进行全面、充分和客观的审查

检察长、侦查员与调查人员应当采取法律规定的全部措施以确保对案情进行全面、充分、客观的审查，发现证明被告人有罪与无罪的事实，以及减轻或加重其罪责的事实。

法院、检察长、侦查员与调查人员不得将证明责任加诸于被告人。

禁止使用暴力、威胁和其他非法的方法获取被告人或其他诉讼参与人的证言。

（第 22 条根据乌克兰议会主席团 1984 年 4 月 16 日第 6834 – 10 号法令修正；根据 2001 年 6 月 21 日第 2533 – 14 号法律修正，于 2001 年 6 月 29 日生效。）

第 25 条　刑事诉讼中的检察监督

总检察长及其所领导的检察长对相关机构实施的调查、侦查行为是否合法进行监督。

检察长应当在刑事诉讼的各个阶段及时采取法律规定的一切措施，消除一切违法行为，而不论此种违法行为是由何人引起的。

检察长在刑事诉讼中独立行使自己的职权，不受任何机关和公职人员的干涉。检察长只服从法律和遵循乌克兰总检察长的指示。

检察长依照法律所作出的决定，对所有企业、机关、团体、公职人员和公民均有拘束力。

（第 25 条根据乌克兰议会主席团 1984 年 4 月 16 日第 6834 – 10 号法令修正；根据 1992 年 12 月 15 日第 2847 – 12 号法律修正；根据 2001 年 6 月 21 日第 2533 – 14 号法律修正，于 2001 年 6 月 29 日生效。）

乌克兰宪法*

(1996年6月28日乌克兰
最高拉达第五次会议通过)

第二章 人和公民的权利、
自由和义务

第29条

每个人均有自由和人身不受侵犯的权利。

除非根据法院作出的说明理由的决定，并仅根据法律规定的理由，以及依照法律规定的程序外，任何人均不得被逮捕或者被羁押。

在预防犯罪或者制止犯罪的紧急情况下，获得法律授权的机关可以将羁押犯罪嫌疑人作为制止犯罪的临时性强制措施。上述临时性强制措施的合理性，应当在72小时之内由法院予以审查。如果在羁押之时起的72小时内没有向犯罪嫌疑人出示法院关于说明羁押理由的决定，那么被羁押人应当立即被释放。

每个被逮捕的人或者被羁押的人应当被立即告知其被逮捕或者被羁押的理由，被告知其权利，并且自被羁押之时起，应当被赋予其自我辩护或者获得辩护人法律帮助的可能性。

每个被羁押的人均有随时向法院提出控告的权利。

应当立即将逮捕或者羁押的犯罪嫌疑人的情况，通知被逮捕人或者被羁押人的亲属。

第59条

每个人均有获得法律帮助的权利。在法律规定的情况下，提供这种法律帮助是无偿的。每个人均可以自由地选择其权利的辩护人。

（参见乌克兰宪法法院2009年9月30日通过的第23—рп/2009号决议对第59条第1款的规定所作的正式解释。）

为了保障对指控的辩护权以及提供法律帮助，在乌克兰的法院和其他国家

---

* 文本来源于乌克兰总统乌克兰文版网站刊登的乌克兰现行宪法文本。同时，参考《乌克兰最高拉达公报》1996年第37期第141页刊登的后来经过多次修改补充的乌克兰现行宪法俄文版。

机关处理案件时允许律师辩护。

（参见乌克兰宪法法院 2009 年 9 月 30 日通过的第 23—рп/2009 号决议对第 59 条第 2 款的规定所作的正式解释。）

（参见乌克兰宪法法院 2000 年 11 月 16 日通过的第 13—рп/2000 号决议对第 59 条的规定所作的正式解释。）

第 61 条

任何人均不得因同一违法行为而被重复追究同一种法律责任。

当事人的法律责任具有个人性质。

第 62 条

每个被指控犯罪的人，在其罪行未经法律规定的程序所证实，未被法院作出的刑事判决确认之前，均被视为无罪，并不得遭受刑事处罚。

任何人均没有证实自己有罪的义务。

指控不得建立在用非法手段获取证据的基础上，也不得建立在推测的基础上。难以排除对一个人的有罪怀疑，则应当作出对被告人有利的解释。

在撤销法院非法刑事判决的情况下，国家应当赔偿因毫无根据的刑事判决所造成的物质和精神损失。

第 63 条

任何人均不应当因拒绝提供对自己、家庭成员，或者近亲属不利的证据而承担责任。近亲属的范围，由法律予以规定。

犯罪嫌疑人、被告人①，或者受审人均有辩护权。

被判刑的人享有人和公民的一切权利。但是，由法律规定的限制，以及由法院刑事判决规定的限制除外。

第 68 条

每个人均有严格地遵守乌克兰宪法和乌克兰法律，不损害他人的权利和自由、荣誉和尊严的义务。

不得因不懂法律而被免除法律责任。

---

① 译者注：第 63 条第 2 款使用了俄语单词 обвиняемый。俄语单词 обвиняемый 的含义是被指控犯罪的人，也就是我国所说的刑事被告人。

西班牙

刑事诉讼法[*]

第一卷 总 则

第一编 序 编

第一章 一般规定

第 1 条

普通管辖的刑事犯罪由相关法官根据本法或者特别法的规定作出判决。

第 2 条

所有参与刑事诉讼程序的机构和公职人员应当依职权,指明和判断对犯罪嫌疑人有利和不利的情形。在本法无相关规定并且犯罪嫌疑人没有辩护人的情形下,应当告知犯罪嫌疑人享有的权利及可以提起的不服申请。

第四编 参与犯罪和轻微犯罪案件刑事诉讼行为的人

第 101 条

刑事诉讼应当公开进行。

所有西班牙公民均有权根据法律提起刑事诉讼。

---

[*] 西班牙王国"法典化编撰委员会刑事诉讼法分委会"于 1878 年 10 月 16 日完成对刑事诉讼法的法典化编撰,本法于 1881 年 2 月 11 日经内阁批准,1882 年 6 月 22 日以王室御令形式颁布,陆续刊登于 1882 年 9 月 17 日至 10 月 10 日的第 260 号至第 282 号《王室公报》,1883 年 1 月 3 日实施。本译本根据 2014 年 12 月 10 日西班牙《官方公报》官网提供的本法及其各修正案的西班牙语文本翻译。

西班牙王国宪法*

(1978年10月31日国会两院通过,1978年12月6日西班牙公民投票通过,1978年12月27日由国王在国会签署,1978年12月29日生效)

第一章 基本权利和义务

第二节 权利和自由

第14条 法律面前人人平等

西班牙人在法律面前人人平等,不得因出生、种族、性别、宗教信仰、观点或任何其他个人或社会条件而受歧视。

第一分节 基本权利和公共自由

第17条 个人自由的权利

第1款 人人享有自由和安全的权利。除执行本条款规定、在案件诉讼过程中及法律规定的方式外,任何人不得被剥夺自由。

第2款 预防性拘留不得超过旨在查明事实所严格需要的侦查时间,在任何情况下,应在72小时内释放被拘留者或将其移送司法机关。

第3款 所有被拘捕者应立即并以其可以理解的方式被告知其权利和被捕的理由,不得强行逼供。依据法律规定,保证被拘捕者在侦查和司法过程中得到律师的协助。

第4款 依法实行"人身保护令"措施,以使所有被非法逮捕者当即被送达司法当局。依法决定临时监禁的最长期限。

第24条 法律对公民权利的保护

第1款 公民在行使合法的权利和利益时,有权获得法官和法院的有效保护,在任何情况下都不允许无辩护人。

第2款 同样,所有的人有权进入法律预先规定的审判、进行辩护和得

---

* 文本来源于2011年9月27日出版的西班牙官方公报。

到律师帮助、被告知其被指控的罪名、及时而充分地接受公开的诉讼审理、使用与辩护有关的证据、不作自证其罪的陈述、不自我招认犯罪并在审判作出前推定为无罪。

法律规定在案件审理中由于亲属关系或职业秘密不得被强迫作有关犯罪的陈述。

第 25 条　合法的刑事诉讼当事人　服刑者有偿工作

第 1 款　任何人在作为或不作为发生之时，依据当时所施行的法律不构成重罪、不轨行为或行政违法的，不得被宣判或受到刑事处罚。

第 2 款　刑罚所采取的关押和安全措施，其目的是再教育与重返社会，而不能进行强迫劳动。除判决书内容、刑罚和刑法的目的有明确限制的情况外，服刑犯人在关押期间享有本章的基本权利。在任何情况下，犯人有获得劳动报酬和适当的社会保险福利及接触文化和全面发展个性的权利。

第 3 款　民事管理部门不得强加处罚措施以直接或间接方法剥夺自由。

意 大 利

意大利共和国宪法[*]

（1947 年 12 月 22 日制宪会议通过，
1948 年 1 月 1 日生效）

基本原则

第 3 条　所有公民，不分性别、种族、语言、宗教、政治观点和个人及社会地位，均享有同等的社会尊严且在法律面前一律平等。

共和国有责任消除一切在经济和社会秩序方面限制公民自由和平等，从而妨碍人类个体的全面发展和有效地参与政治、经济和社会组织一切活动的障碍。

---

[*] 文本来源于意大利共和国议会网站公布的该国宪法最新文本（2012）。

第一编 公民权利与义务

第一章 公民关系

第 23 条 除法律规定外,任何人不得被强加人身或财产性质的义务。

第 24 条 为保护其合法的权利和利益,任何人都有权提起诉讼。

在诉讼的任何状态和阶段中,辩护权不得侵犯。

法律以适当方式专门保障贫穷者在任一法院提起诉讼和进行辩护的能力。

法律应规定对司法错误进行补偿的条件和方式。

第 25 条 任何人不得被剥夺由法律规定有管辖权的审判官进行审理的权利。

任何人只有依照其违法行为实施前已生效的法律才得被处罚。

除法律规定外,任何人不得被施以保安措施。

第 27 条 刑事责任是一种个人责任。

在终局性判决作出之前,被告不得被认为有罪。

刑事处罚不得包含有违人道的内容,且必须以对犯人进行再教育为目的。

禁止适用死刑。①

第二编 共和国机构

第四章 司　　法

第二节 审判规则

第 111 条② 司法审判通过法律规定的正当程序进行。

---

① 原文注:本条经 2007 年 10 月 2 日第 1 号宪法性法律第 1 条所修改,原条文第 4 款为:"除非在战时由军事法所规定情况下,禁止适用死刑。"

② 原文注:本条前 5 款由 1999 年 11 月 23 日第 2 号宪法性法律第 1 条所增加。根据同一法律的第 2 条的规定,"对于现行宪法性法律中所包含的有关刑事诉讼程序的原则,自本法生效之日起,由本法进行规范"。

诉讼程序以对抗辩论的方式进行，在作为第三方且公正无私的法官的主持下，当事人双方地位平等。法律保障诉讼的合理期限。

在刑事诉讼程序中，法律保障被指控人在尽可能短的时间内被谨慎地告知其被指控的性质和理由，并有必要的时间和条件准备其辩护；被告人有权在审判官面前对控诉人进行盘问或被盘问，并有权在与控诉方同等条件下为其辩护召集和盘问有关人员，亦有权获得对其有利的任何一种其他证据形式；若被告人不使用或不能理解在诉讼中使用的语言时，有权得到翻译的协助。

刑事诉讼程序中，证据的形成以辩论原则为基础。被告人不得因某些人基于自由的选择故意持续逃避被告人及其辩护人盘问而作出的陈述而被证明有罪。

对于基于被告人的同意或者已被证实的客观不可能或已被证实的违法行为，法律可以规定对证据的形成不进行辩论。

所有的司法措施都必须附有理由。

对由普通或特别司法机构所作判决及针对人身自由的措施不服的，可随时以其违反法律为由向最高法院提出上诉。但军事法院在战时所作判决不受本规则约束。

对国务委员会和审计院的决定不服时，仅能就有关审判管辖权的问题向最高法院提出上诉。

第 112 条　检察官有义务提起刑事诉讼。

英　国

人权法（1998 年）[*]

（1998 年 11 月 9 日议会授权女王颁布）

附　表

附表 1　［第 1 条第三款］

条　款

第 1 部分　公约权力和自由

第 3 条　禁止酷刑

任何人均不得受到酷刑或受到不人道或丧失体面的对待或惩罚。

第 5 条　自由和安全的权利

一、任何人均有自由和个人安全的权利。任何人不得被剥夺自由，除非有以下情况，并且根据法律规定的程序：

（一）经有管辖权的法院定罪后合法拘留的人；

（二）由于不遵守法庭的合法秩序，或为确保使其履行法律规定的任何责任，被合法逮捕或拘留的人；

（三）合理地怀疑某人实行了犯罪行为，或为防止他实行犯罪行为或在实行犯罪行为后潜逃，为将其送交有管辖权的法律机构而对其实施的合法的逮捕或者拘留；

（四）基于教育督导的目的通过合法命令拘留的青少年，或为将其送交有管辖权的法律机构而将其合法拘留的青少年；

（五）为防止传染性疾病传播而对某人予以合法拘留，或对精神失常者、

---

[*] 文本来源于英国议会官方网站。

酗酒者、吸毒者或流浪者的合法拘留；

（六）为阻止其未经授权进入一个国家，或由于其行为被认为应被驱逐出境或引渡回国而予以合法逮捕或拘留。

二、任何被逮捕的人均应被及时用其理解的语言告知其被逮捕的原因以及对其提出的控告。

三、根据本条第一款第（三）项的规定，任何被逮捕或拘留的人应立即被交给依据法律行使司法权的法官或其他官员，并应有权在合理的时间内被审讯或在候审期间被释放。但释放可以附加保证出庭受审的条件。

四、因逮捕或拘留被剥夺自由的任何人均应有权提起诉讼；法院应在其提起的诉讼中迅速判决其被拘留的合法性，如果拘留不合法，则命令将其释放。

五、由于违反本条规定而成为逮捕或拘留受害者的任何人应有获得可强行执行的受偿权。

第 6 条　接受公平审判的权利

一、裁决个人的公民权利和责任或对其提起的任何刑事控诉时，每个人均有权在合理的时间内接受由一个依法成立的、独立的、中立的法庭公平、公开的审理。判决应当被公开地宣布，但基于道德的利益、公共秩序或一个民主社会的国家安全，如青少年的利益或当事人要求保护其私生活，或在特别的情况下即法院认为公众将损害到公正判决而严格地且在必要的程度上，可以拒绝媒体和公众旁听全部或部分审判。

二、被控告刑事犯罪的每个人均应被假定无罪，直到依据法律证明其为有罪。

三、被控告刑事犯罪的每个人均享有以下最基本的权利：

（一）及时详细地以其理解的语言被告知对其提出控告的性质和原因；

（二）拥有足够的时间和便利条件准备其辩护；

（三）亲自或通过其自己选择的法律援助者为自己辩护，或者，如果他没有足够能力支付法律援助费，而基于司法利益的要求，其应被提供免费法律援助；

（四）询问对其不利的证人，并获得对其有利的证人与对其不利的证人出庭和受询问的同等条件；

（五）如果他不能理解或讲法庭上使用的语言，应被提供免费的翻译帮助。

第 7 条　法无规定不受处罚

一、依据当时的国家法律或国际法律，其作为或不作为不构成一项刑事犯罪的，任何人均不得被判决构成任何刑事犯罪。也不应对其处以比当时适用于其犯罪行为的处罚更重的处罚。

二、本条不影响任何人因其作为或不作为而受到的审判和惩罚，只要根据一个文明国家当时认可的法律的一般原则其行为是有罪的。

非 洲

阿尔及利亚

刑事诉讼法典[*]

序 编 公诉与民事诉讼

第1条 旨在适用刑罚的公诉,由法官或法律授权的官员提起与进行。公诉亦可由受到损害的当事人依本法典规定的条件提起。

第5条 已向有管辖权的民事法庭起诉的当事人,不得再向刑事审判庭起诉,但在民事法庭就诉讼实质问题作出判决前,检察总署已向刑事审判庭提起诉讼的,不在此限。

第一卷 提起公诉和进行侦查

第一编 罪行侦查

第11条 除法律另有规定外,侦查一律秘密进行,并不得侵犯当事人的辩护权。一切参与上述程序的人员,均应当遵守《刑法典》的规定,保守职业秘密,违者依法处罚。

---

[*] 本法典于1966年6月8日由阿尔及利亚议会通过,最近一次修正时间为2006年12月20日。本译本根据阿尔及利亚大学(http://www.algeria-un.org)提供的阿拉伯语文本翻译。

阿尔及利亚民主人民共和国宪法 *

第一章　阿尔及利亚社会的普遍原则

第四节　权利和自由

第 29 条　公民在法律面前一律平等，公民不得因出生、种族、性别、意见以及其他个人条件或社会环境而受到歧视。

第 34 条　国家保护人格不受侵犯。

禁止以身体或精神上的任何暴力形式侵害人格尊严。

第 40 条　国家保障住宅不受侵犯。

除非依照法律并遵守法律，不得搜查住宅。

搜查住宅仅经有权司法机关签发书面命令方得执行。

第 45 条　非在享有法律所要求的保障下经有权司法机关裁定有罪，任何人均应被推定为无罪。

第 46 条　非依据行为发生之前已经正式颁布的法律，任何人不得被定为有罪。

第 47 条　任何人仅得在法律规定的情形下并依据法律规定的形式方可被起诉、逮捕或拘留。

第 48 条　刑事侦查中的拘留应受司法监督，且拘留不得超过 48 小时。

被拘留者有权立即同其家人联系。

仅得按照法律规定的条件例外地延长拘留时间。

拘留期限届满，若被拘留者提出要求，则必须对其进行医学检查，并且在任何情况下均应告知其享有此项权利。

---

* 文本来源于阿尔及利亚民主人民共和国官报上所载的 1996 年宪法的官方法语版（《阿尔及利亚民主人民共和国官报》1996 年 12 月 8 日第 76 号），并结合了 2002 年修正案（《阿尔及利亚民主人民共和国官报》2002 年 4 月 14 日第 25 号）和 2008 年修正案（《阿尔及利亚民主人民共和国官报》2008 年 11 月 16 日第 63 号）。

埃　　及

刑事诉讼法[*]

第一编　刑事诉讼取证与侦查

第一章　刑事诉讼

第一节　诉讼提起人、诉讼终止、起诉

第 1 条　检察院应按照法律规定提起刑事诉讼，非法律允许不得放弃、中止、停止诉讼。

第 2 条　公诉人本人或某检察院成员可在法律允许情况下直接提起诉讼。只有依法被赋予相应权力者才可以行使检察院职权。

第二编　法　　院

第二章　违警罪和轻罪法院

第六节　审理案件、组织开庭

第 268 条　庭审需公开进行，在遵循程序、维护秩序的同时，法院有权决定诉讼的全部或部分羁押被听审，也有权禁止某些特定团体听审。

---

[*] 本法由参议院与众议院一致决议通过，于 1950 年 9 月 3 日以第 150 号法律发布，1950 年 10 月 3 日施行，2003 年最新修订。本译本根据阿拉伯埃及共和国司法部官网提供的阿拉伯语文本翻译。

阿拉伯埃及共和国宪法[*]

(1971年9月11日经公民投票通过)

宪法宣言

第7条 所有公民在法律面前一律平等。他们不因性别、种族、语言、宗教信仰而受歧视,每个人都平等地享有公共权利和履行公共义务。

第9条 被逮捕、检查、拘留或以任何方式限制其自由的公民应受到维护人尊严的待遇,不得对其进行身体和精神伤害,不得将人关押、拘禁在不属于有关监狱等法律规定的地方。

公民被证实是在受到强压和威胁下所说的话不能作为供词。

第19条 罪行和惩罚只能根据法律,根据司法判决才可处罚,法律颁布后犯下的罪行才可处罚。

第20条 被告在被法院证明有罪之前是无辜的,法律保障其为自己辩护的权利。被指控犯罪的每个人都应该有律师为自己辩护。

第21条 任何人的诉讼权利予以保障,每个人都有权咨询他的法官。国家应保障拉近司法机构和诉讼人之间的距离,加快判决的速度。

法律规定禁止任何工作和行政决议获得司法豁免。

第22条 辩护和委托辩护权受到保障。

法律保障没有财政能力的公民诉诸司法手段和捍卫权利。

第23条 逮捕或拘留任何人,应立即告知其被逮捕或拘留的原因。法律规定他有权联系任何他认为要告知和寻求帮助的人。针对他的指控,应尽快被告知。他和其他人可以就对其限制人身自由的行为进行司法诉讼,法律规定诉讼的权利,如果在规定时间内没有判决则应将其释放。

第24条 判决应以人民的名义颁布和执行。法律规定禁止或妨碍有关公职人员执行判决是要受到法律处罚的犯罪。在这种情况下,被判决者享有直接向相关法院提起刑事诉讼的权利。

第46条 司法机关是独立的,管理不同类型和层次的法院,根据法律出台具体的条款。

---

[*] 文本来源于埃及官方网站。

第 47 条 法官是独立的,不允许对法官进行隔离,法律就对其问责作出规定,除法律外,没有其他权力凌驾于法官之上,任何权力不得涉足司法和司法事务。

第 52 条 法院庭审是公开的,除非是法院考虑到公共制度和道德决定进行秘密审理,判决的宣读应该是公开的。

埃塞俄比亚

埃塞俄比亚刑事诉讼法典*

1961 年刑事诉讼法典

犹大部落征服之狮

海尔·塞拉西一世

神选者,埃塞俄比亚皇帝

第一卷 法院、检察院和警察局

第一章 法　　院

第 5 条 被告人
(1) 未成年人与成年人应分开审理。
(2) 军人与非军人应分开审理,除非该案件不属于军事法院管辖。

---

* 本法典于 1961 年 11 月 2 日由总理签署发布,1962 年 2 月 2 日生效实施,由埃塞俄比亚专门负责印刷发行法律文件的法律出版署(Negarit Gozeta)1962 年发布。本译本根据埃塞俄比亚联邦民主共和国议会官网(http://www.icrc.org)提供的英语文本翻译。

埃塞俄比亚联邦民主共和国宪法[*]

(1994年12月8日由埃塞俄比亚制宪会议
批准通过，1995年8月22日正式生效)

第三章 基本权利与自由

第一部分 人 权

第17条 自由权利

1. 除非根据法律制定的程序，否则任何人的自由权利均不可被剥夺。
2. 任何人不得被任意逮捕，未经指控或判决亦不得被羁押。

第18条 禁止非人待遇

1. 每个人都有权保护自己免受残酷的、非人的、有辱人格的待遇和惩罚。
2. 没有人可以被奴役或当做奴隶对待。无论基于何种目的，人口买卖均被禁止。
3. 没有人可以被强迫劳动或被要求承担义务性的劳动。
4. 本条第3款"强迫或义务劳动"不包括：

（a）个人依据合法命令在被监禁或者有条件的释放期间被要求从事的工作或服务；

（b）在拒绝服兵役的情况下，从事替代义务兵役的服务；

（c）在威胁生命或社会安宁的紧急情况或灾难中必须从事的任何服务；

（d）任何由社团在其地域范围内自愿从事的经济与社会发展活动。

第19条 被捕者的权利

1. 被捕者在被逮捕后，有权立即以其通晓的语言被告知被捕的原因以及被指控的内容。
2. 被捕者有权保持缄默。在被逮捕之时，其有权立即以其通晓的语言被告知此时所做的任何陈述将在法庭上作为对其不利的陈堂证供。
3. 被捕者有权在被捕后的48小时内出庭受审。此时限不包括从被捕地到法院所需的合理时间。在出席法庭时，他们有权立即被告知因其被指控的犯罪

---

[*] 文本来源于埃塞俄比亚驻英国使馆网站。

行为而被捕的原因的详细说明。

4. 倘若执行逮捕的警官或执法机关未能在法定期间内将被捕者移送至法院接受审理，亦未及时告知其被捕的原因，则所有人均有不可被剥夺的权利起诉至法院要求判决其被释放。如出于正义的原因，法院可命令在必要的时间内持续拘禁被捕者，或在被要求将其暂时还押之时严格要求进行必要的调查。在确定额外的必要调查时间时，法院应当确保负责调查之执法机构尊重被捕者尽快获得审理之权利。

5. 被捕者不得受强迫承认对自己不利的证据。任何由强迫获得的证据均是不被采纳的。

6. 被捕者有权获得取保释放。根据法律规定的特殊情形，法院可拒绝其保释要求或要求在提供适当的担保后有条件地释放。

　　第 20 条　被告人的权利

1. 被告人有权在被指控后合理的期限内在普通法院接受公开审讯。只有基于保护相关方的隐私、公共道德及国家安全的原因，法院庭审方禁止旁听。

2. 被告人有权获得其被指控的充分信息，并获得书面的指控文件。

3. 在诉讼程序中，在根据法律被证明有罪之前，被告人有权被推定为无罪，且不得令被告自证其罪。

4. 被告人有权获得用以指控其有罪的证据，有权盘问提供对其不利证言的证人，有权在自我辩护中举证，有权获得对其有利的证人出庭为其作证。

5. 被告人有权自行选择辩护律师为其辩护，如他们无法支付律师费且将因此导致审判不公，国家将指定辩护人并承担相应费用。

6. 被告人均有权就一审法院的命令或判决向相应上诉法院提出上诉。

7. 如法庭审理中使用的语言非被告通晓的语言，则他们有权要求获得翻译的帮助，并由国家承担此笔费用。

　　第 21 条　被拘禁者及罪犯的权利

1. 所有被拘禁者及被判刑罪犯有权获得其人格尊严受到尊重的待遇。

2. 所有被拘禁者及罪犯均有权获得与其配偶、父母、近亲属、朋友、宗教辅导人员、医生及法律代理人交谈与探访的机会。

　　第 22 条　刑法不溯及既往

1. 任何人不得因其当时未被法律规定为有罪之行为或疏忽而被判有罪。任何人亦不得被判重于其犯罪时所适用法律规定之最重刑罚。

2. 尽管本条第 1 款有此规定，但倘若适用其犯罪行为后生效的法律对被告或罪犯更为有利，则适用该法。

第 23 条 一罪不二罚

任何人均不得在根据刑法与程序的规定被判处有罪或宣告无罪之后,就同一行为再次受到审讯或惩罚。

第 25 条 平等权

所有人在法律面前一律平等,不受任何歧视地受到法律的平等保护。就此而言,法律应保证所有人受到平等和有效的保护,不因其种族、民族、国籍或其他社会出身、肤色、性别、语言、宗教信仰、政治或其他观点、财产、出生或其他状况而受到歧视。

加　　纳

加纳共和国宪法*

(1992 年 4 月 26 日全民公决通过,
1993 年 1 月 7 日起生效)

第五章　基本人权与自由

第 15 条　人的尊严的保护

(1) 人的尊严不可侵犯。

(2) 不论是否受到逮捕、限制或者拘留,任何人不得被——

(a) 拷打或者受到其他残酷、非人道或者有辱人格的对待或者处罚;

(b) 施加贬低或者有可能贬低其尊严和个人价值的限制。

(3) 未被判决有罪的人不得被当做罪犯,应当与罪犯分别关押。

(4) 青少年罪犯在依法羁押或者拘留时应当与成年罪犯分开。

第 19 条　公正审判

(1) 法院应当给予被控犯罪的人在合理时间内公平审判的机会。

(2) 被控犯罪的人——

(a) 在其犯罪非为重叛国罪或者叛国罪,而被判处死刑或者终身监禁的,

---

* 文本来源于 1996 年 12 月 31 日第 59 号《加纳官报》。

应当由法官和陪审团进行审判,且:

(i) 当判处死刑时,陪审团的裁定应当全体一致;以及

(ii) 在判处终身监禁时,陪审团的裁定应当为国会法律规定的多数。

(b) 在省裁判所审理的犯罪判处死刑的情形下,主席和其他审判人员的裁定应当一致;

(c) 在其被证明有罪或者认罪之前应当被推定为无罪;

(d) 应当及时以其通晓的语言详细告知其被指控犯罪的性质;

(e) 应当给予其足够的时间和便利准备辩护;

(f) 应当准予其在法院亲自辩护或者由其选择的律师进行辩护;

(g) 应当给予其便利亲自或者由其律师询问控方传唤到庭的证人并以与控方证人的同等条件要求其证人到庭并进行询问;

(h) 如果其不通晓审判使用的语言,则应当获得免费的翻译协助;以及

(i) 在其犯罪为重叛国罪或者叛国罪的情形下,应当由3名法官正式组成高等法院进行审理,且法官的裁定应当一致。

(3) 应当在被控犯罪的人出席的情形下对其进行审理,除非——

(a) 其在得到正式的审理通知后拒绝出席法院审理;或者

(b) 其行为致使诉讼不能继续进行,法院责令其退庭并进行缺席审判。

(4) 当个人在受刑事审判时,如果被告人或者由其授权的人提出索取,则应当在判决后6个月内获得法院诉讼记录的副本由其使用。

(5) 禁止将个人在行为时不构成犯罪的作为或者不作为作为犯罪来起诉或者判定为犯罪。

(6) 禁止以超过犯罪行为实施之时最高刑罚的程度和性质判处刑罚。

(7) 被适格的法院进行刑事审判判定有罪或者宣告无罪的人,除非基于上级法院在上诉或者复审程序中对该项有罪判决或者无罪宣告的裁定,不得对该项犯罪或者其他已审判过的犯罪予以重复审判。

(8) 尽管本条第(7)款有其规定,对个人在重判叛国罪或者叛国罪审理中宣告无罪,不妨碍对他的其他罪行提起诉讼。

(9) 本条第(2)款(a)、(b)项的规定不适用于军事法院或者其他军事裁判所的审判。

(10) 受刑事审判的人不得在审判中被强迫举证。

(11) 除非制定法对犯罪和刑罚有其规定,否则不得判决任何人犯罪。

(12) 本条第(11)款不妨碍高级法院处罚藐视法庭的人,尽管制定法并未对构成藐视的作为或者不作为规定为犯罪和规定有刑罚。

(13) 除本宪法的规定外,判决民事权利义务之存在和范围的裁判机关应

当依法设立，并应当独立和公正；个人为上述判决而在裁判机关提起的诉讼应当在合理的时间内得到公正审理。

（14）除裁判机关裁定为了公共道德、公共安全或者公共秩序外，裁判机关的任何诉讼都应当公开进行。

（15）本条的规定不妨碍裁判机关将当事人及其代理人以外的其他人排除诉讼之外，只要裁判机关——

（a）考虑到公开对司法的不利影响而认为有这样的必要或者适宜性；或者

（b）经法律授权，为维护国防、公共安全、公共秩序、公共道德、18 周岁以下人的安康，或者为保护诉讼相关人的私生活。

（16）法律对下述事宜的规定及其施行不视为抵触或者违反下列条款——

（a）本条第（2）款（c）项，当法律规定受到刑事指控的人有证明特定事实的责任；或者

（b）本条第（7）款，当法律授权法院对军人进行刑事审判，而根据军法已经对该军人进行过审判、判定有罪或者宣告无罪，则对军人进行审判和定罪的法院在判处刑罚时须将根据军法作出的惩罚一并纳入考虑。

（17）除本条第（18）款的规定外，叛国罪应当仅限于——

（a）对加纳发动战争，帮助任何国家和个人或者煽动或者与任何人合谋对加纳发动战争；或者

（b）试图以武力或者暴力方式推翻本宪法设立的政府机构；或者

（c）参与、卷入、煽动或者与任何人合谋准备或者参与任何此种活动。

（18）旨在以合宪方式修改法律或者变更政府政策的行为不视为构成推翻政府机构的行为。

（19）尽管本条的其他条款有其规定，但是除本条第（20）款的规定外，国会得制定法律设立军事法院或者特别法庭审理应受军法约束之人违反军法的犯罪。

（20）当受军法约束的非现役军人犯有民事法院管辖的犯罪，则除非该犯罪根据实施军纪的法律属于军事法院或者其他军事法庭管辖，其不受军事法院或者军事法庭的审判。

（21）本条所谓"犯罪"是指加纳法律规定的犯罪。

第十一章　司法机关

通　　则

第 125 条　加纳的司法权

（1）司法源于人民，由独立、只服从本宪法的司法机关以共和国的名义行使。

（2）公民通过公共和习惯法庭、陪审团、陪审推事等各种制度广泛参与司法。

（3）加纳的司法权授予司法机关，总统、国会或者总统和国会的任何机构和部门都不得享有或者被授予终局的司法权。

（4）除本宪法的规定外，首席法官为司法机关的负责人，负责司法管理和对司法的监督。

（5）司法机关拥有包括与本宪法有关的所有民事和刑事案件的管辖权以及国会立法授予的其他管辖权。

第 127 条　司法独立

（1）在行使加纳司法权的过程中，司法机关的司法和行政职责，包括财政管理在内，仅服从本宪法，不受任何个人或者机关的指示和控制。

（2）总统、国会或者总统和国会授权的人以及其他任何人不得干预法官或者司法官员和行使司法权的其他人履行司法职责；除本宪法的规定外，所有国家机关和部门应当给予法院合理需要的协助以维护其独立、尊严和高效。

（3）高级法院法官或者行使司法权的任何人，不得因其在行使司法权过程中的任何作为或者不作为而承担任何诉讼责任。

（4）司法机关的行政经费，包括支付给法院工作人员的一切薪金、津贴、退休金和养老金，都由统一基金支付。

（5）高级法院法官或者法院官员和行使司法权的其他人在休假时的薪金、津贴、特权和权利、退休金、养老金以及其他服务待遇不得有对其不利的变动。

（6）经国会表决的资金，或者本宪法规定由统一基金支付给司法机关的资金，应当分季度支付给司法机关。

（7）本条规定的"财政管理"包括司法机关不受他人和机构干涉使用银行设施，但除审计署长的审计外，使用国会通过的基金或者由本宪法和其他法律规定从统一基金支付的基金以冲抵司法机关的支出。

喀 麦 隆

刑事诉讼法典*

第一卷 总 则

第一编 卷首条文

第2条 本刑事诉讼法典具有一般适用性，《军事法典》或其他特别法有特定规定的除外。

第3条 （1）违反刑事诉讼之规则，有以下情形的，以绝对无效论处：

（a）损害由现行法律规定所定义之辩护权的；

（b）危害某项具有公共秩序性质之原则的。

（2）本条第1款所指无效不得经遮掩处理而不予追究。

诸当事人在刑事诉讼之任何阶段均可提出绝对无效事；审判法庭（审判法院）应依职权提出之。

第4条 （1）第3条规定以外的其他违反刑事诉讼规则的情形，以相对无效论处。

（2）相对无效抗辩，诸当事人应在一开始即向法庭提出；在此诉讼阶段之后，相对无效事由不再追究。

第5条 被撤销的无效文书从诉讼案卷中撤出，并交由书记室归档。

禁止从被撤销的文书中采信针对文书所涉之人的情况，否则，可请求损害赔偿。

第8条 任何犯罪嫌疑人，在尚未经过能够确保其享有辩护权之各项必要保障的诉讼认定其有罪之前，均推定其无罪。

无罪推定适用于所有的犯罪嫌疑人、受控告人、违警罪被告人、轻罪被告人以及重罪被告人。

---

* 本法典于2005年7月27日由国民议会审议通过，共和国总统颁布，2006年8月1日生效实施。本译本根据喀麦隆国家印社印制的文本翻译。

肯尼亚

刑事诉讼法典[*]

第四部分　刑事调查条款

审判地点

第 77 条　公开审判

（1）根据本条第 2 款，以审理罪行为目的设立的刑事法庭，应被视为公众可进入的开放法庭，可以便利地容纳公众：

首席法官或治安法官可在任何案件的任一审判阶段命令公众或任何特定人员不得进入或不应继续留在用作法庭的房间或建筑内。

（2）尽管有第 1 款中的规定，任何依据刑法典第 140 条、第 141 条、第 145 条、第 166 条和第 167 条审理的案件诉讼应秘密进行，任何人不得发布或以任何手段发布与审理相关的：

（a）导致被害人身份曝光的任何事项；或者

（b）任何被害人的图像。

（3）违反了本条第 2 款中规定的人构成犯罪，应受到下列处罚：

（a）如果为个人，不超过 10 万肯尼亚先令的罚款；以及

（b）如果为法人团体，不超过 50 万肯尼亚先令的罚款。

前科或无罪开释

第 138 条　对被判有罪或无罪的人不得就相同罪行再次审判

如果某人曾因某罪行经有审判权的法庭审理，被宣判有罪或无罪，在该有

---

[*] 本法典于 1930 年 8 月 1 日由肯尼亚议会批准通过，2008 年进行了修订。本译本根据肯尼亚法律网（http：//www.kenyalaw.org）提供的英语文本翻译。

罪宣判或无罪开释未被撤销或驳回的情况下，此人不应就同一罪行的相同事实再次被审判。

肯尼亚宪法*

（2010年8月4日全民公决通过，
2010年8月27日生效实施）

第四章　权利法案

第二节　权利与基本自由

第49条　被捕者的权利

（1）被捕者有以下权利——

（a）以其通晓的语言及时得到下列通知——

（i）被逮捕原因；

（ii）有权保持沉默；以及

（iii）放弃沉默权的后果；

（b）保持沉默；

（c）与辩护人和其他提供必要援助的人进行沟通；

（d）不得被强迫作出可能被作为对其不利的证据的招供或者自认；

（e）与服刑者分开收押；

（f）尽快移送法院，但不得迟于——

（i）被捕之后24小时；或者

（ii）如果该24小时结束后非为法院的工作时间，或者结束当日非为法院工作日，则为不得迟于下一个法院工作日。

（g）在首次出庭时，受到犯罪指控或者被告知继续羁押的理由，或者被释放；以及

（h）在接受起诉或者审判时，除非有令人信服的不予释放的理由，否则应当以合理条件的保证或者保释而释放。

（2）禁止以个人的罪行仅被处以罚金或者不超过6个月的监禁而对其继续羁押。

---

* 文本来源于肯尼亚国会官网。

第 50 条 公平审判

（1）每个人都有权在法院或者其他独立无偏私的裁判所和机构，通过公平公开的审理而裁决其可由法律予以解决的争议。

（2）每个被告人享有获得公平审判的权利，其包括——

（a）在被证明有罪之前被推定为无罪；

（b）获知受控的详细细节以便能够申辩；

（c）有足够的时间和便利准备辩护；

（d）在依据本宪法设立的法院进行公开审判；

（e）审判的开始与结束没有不合理的拖延；

（f）除非被告人的行为使得审判不能继续进行，否则其应在审判时亲自出席；

（g）选择辩护人并且由辩护人作为其代表，并及时获知这项权利；

（h）如果可能导致实质的不公平，则由国家为其指定辩护人，并及时获知这项权利；

（i）保持沉默，以及在诉讼中不作证；

（j）提前获知起诉所依据的证据，并能合理获得该证据；

（k）举证与质证；

（l）拒绝自证其罪；

（m）如果被告人不通晓庭审语言，则免费获得翻译人员的帮助；

（n）不得对其作为或者不作为定罪，如果其作为或者不作为——

（i）在肯尼亚不构成犯罪；或者

（ii）依据国际法不构成犯罪；

（o）被告人的作为或者不作为被宣告无罪或者被定罪后不得对该作为或者不作为再进行审判；

（p）从犯罪发生后到审理的期间内规定的犯罪刑罚有改变的，得到最不严厉的刑罚处罚；以及

（q）定罪后向法律规定的高级法院提出上诉或者申请复审。

（3）当本条规定应当通知某人时，则应当以该人通晓的语言进行通知。

（4）以侵犯权利法案中权利和基本自由的方式取得的证据，如果对它的采信将导致审判不公或者有碍司法，则应当予以排除。

（5）被告人——

（a）除在简易审判程序之外，有权在审判中请求得到所有诉讼记录的副本；以及

（b）有权在庭审结束后的合理期限内支付法律规定的费用而获得诉讼记录的副本。

（6）在下列情形下，被裁定有罪的人都有权向高等法院申诉要求进行新的审判——

（a）被告人的上诉为上级法院所驳回、或者其未在规定的时间内提出上诉；以及

（b）发现了具有说服力的新证据。

（7）法院为了司法，可以允许中间人协助原告或者被告人与法院进行沟通。

（8）当在自由和开放的社会中出于保护证人或者脆弱的个人、道德、公共秩序和国家安全的目的而有必要将新闻媒体和社会公众排除于诉讼程序之外，则本条并不妨碍将其排除于诉讼程序之外。

（9）国会应当制定法律规定对刑事被害人的保护及其权利与福利。

摩 洛 哥

刑事诉讼法[*]

22.01 号刑事诉讼法的实施[**]

［1423 年 7 月 25 日（2002 年 10 月 3 日）
颁布的 1.02.255 号皇家法令］

前　　言

《刑事诉讼法》强调在人权领域的基本原则和规定，提供公正审判的条件。为实现崇高的人权原则、巩固其在当代刑事司法中的稳固地位，《刑事诉讼法》制定了以下原则：

1. 《刑事诉讼法》应秉承公平公正、不溯及既往原则，使各方权利平等；
2. 保障检察机关、侦查机关和审判机关的权力分离；

---

[*] 本法于 2002 年 10 月 3 日由专家委员会与众议院批准通过，最近一次修正时间是 2011 年 10 月 27 日。本译本根据摩洛哥政府官网（http：//www.mce.gov.ma）提供的阿拉伯语文本翻译。

[**] 伊历 1423 年 11 月 27 日（2003 年 1 月 30 日）第 5078 期官方公报，第 315 页。

3. 同一条款在相同条件下对诉讼参与人具有同等效力；

4. 未经最终决议不得对犯罪嫌疑人或无罪推定对象定罪。根据法律，对无罪推定对象进行诽谤的将被依法处罚；

5. 疑点利益归于被告人；

6. 当事人有权了解对自己不利的证据，有权获得律师的辩护；

7. 司法机关在刑事诉讼阶段应履行告知的义务，确保被害人权益；

8. 应在有限期限内作出是否有罪判决；

9. 根据法律，所有被处罚人均有权通过上诉要求另一法院重审、重新定罪。

该法律的重要原则如下：

无罪推定：

《刑事诉讼法》第1条规定，无罪推定是指未经审判确定有罪前，基于法律保障的公正审判，推定被指控者无罪。这一原则巩固了宪法保障的摩洛哥王国有关履行国际公约规定的原则、义务和权利的承诺，强调了对国际公认的人权的重视。①

1948年12月10日联合国大会批准通过的《世界人权宣言》第11条有关无罪推定原则的明文规定如下："凡受刑事控告者，在未经依法公开审判确认有罪前，应视为无罪，审判时必须予以行使辩护权所需之一切保障。"《公民权利和政治权利国际公约》第44条的规定强调了该项原则。

除了上述明文提及无罪推定的文本，为巩固和加强无罪推定原则，《刑事诉讼法》规定了以下保障措施：

1. 采取拘留和司法监视两项特殊措施；

2. 通过司法机关严格的监督措施改善羁押和拘留条件；

3. 加强被告人对被控告内容的知情权的保护；

4. 被告人在羁押期限内有权申请律师辩护，律师有权在此期限内提供书面意见；

5. 被告人家属在被告人被羁押期间有了解案情的权利；

6. 当事人或检察院在侦查法官宣布不登报的情况下有权要求全部公告或部分公告；

7. 未经被拘者同意，禁止拍摄其照片或传播其照片、姓名等一切个人信息，禁止开展和被告人或被害人有关的调查、评论或民意调查。

---

① 该项原则体现于新《宪法》的第3条中：为加强摩洛哥王国在国际层面发挥的作用，作为国际组织的积极成员，承诺履行国际公约规定的原则、义务和权利，强调对国际公认的人权的重视。

司法在监督、评估证据方面的积极作用：

新的法律强调法官在证据审查和评估中的作用，法官需在决议前文中阐明自己的观点。该法律还重新起草了有关罪证的明确要求。

第 293 条明文规定，由于暴力胁迫达成的协议不具法律效力。该原则符合《世界人权宣言》第 5 条规定："对任何人不得加以酷刑，或施以残忍的、不人道的或侮辱性的待遇或刑罚"，符合《公民权利和政治权利国际公约》第 7 条规定。新的法律还规定，法官的司法裁量权受司法制约。

促进、加强公正审判：

《刑事诉讼法》主张《世界人权宣言》第 10 条、《公民权利和政治权利国际公约》第 14 条规定的原则。刑事诉讼法对该原则的明文规定如下：

1. 如果受审人说外语或方言，司法警官可申请翻译。如果受审人是聋哑人，司法警官可申请手语翻译。翻译需在调查笔录上签字（第 21 条）；

2. 在公诉前坚持该原则（第 47 条），在审查、审判前加强、深化该原则；

3. 加强检察总署讯问被告人过程中律师的作用，律师有权为被辩护人申请治疗、有权代表被辩护人提出文件和书面证明、有权为被辩护人申请取保候审（第 73 条和第 74 条）；

4. 第 180 条、第 196 条、第 210 条、第 234 条、第 381 条、第 528 条、第 540 条规定了完成司法程序的期限，坚决提高解决刑事司法案件尤其是刑事拘留案件的速度和效率；

5. 利用《刑事诉讼法》第三十七章、第三十八章、第三十九章提出的方法、手段以及通过司法人员、法庭的帮助或通过行政方式送达传票和司法决议，加速案件的处理；

6. 为维护伊斯兰法的原则和摩洛哥社会对待妇女的价值观和传统，第 60 条和第 81 条规定尊重妇女，男性不得对女性搜身；

7. 为加强对被拘者或罪犯的权利保护，规定上诉法院的总侦查法官、侦查法官、未成年人法官、执法官、轻罪法庭负责人等人员定期走访刑罚执行机关，规定以州长或州长代理主席、新《刑事诉讼法》支持其配合公民社会活动（有兴趣的组织）的区域委员会发挥作用，规定政府部门的加入，扩大其包括监督未成年人看管所在内的管辖权（第 249 条、第 616 条、第 620 条、第 621 条）；

8. 加强对司法警官工作的司法监督，司法警官每周应至少去一次羁押场所执行羁押工作以确保拘留和拘留条件的合法性。检察机关有义务提供对司法警官行为的评估以确保管理人员定期了解他们在司法工作领域的资历和工作情况。同时要确保上诉法院轻罪法庭作为教育司法警官部门的权限；

9. 规定司法大臣监督刑事政策，负责告知检察总署代理人维护刑事政策的实施（第 51 条）；

10. 第 51 条规定，司法大臣有义务对检察机关下发指令；

11. 要求司法警官对调查笔录作出解释，确定对调查笔录准确性、正确性、措施健全性的要求；

12. 检察机关应在控告人上诉后的 15 日内通知被控告人，以保证被控告人依法行使权利；

13. 解释摩洛哥王国与他国有关司法合作的法律，以国际公约规定为基准将有关引渡罪犯的法律引入刑事诉讼法；

14. 该法律中有关刑事拘留期限、刑事诉讼或赦免原因的条款（第六百三十五章到第六百四十七章）参照伊历 1421 年 1 月 28 日（2000 年 5 月 3 日）颁布的 1.00.175 号法令有关公共义务的 15.97 号法文。[①] 该法律为维护申诉权，通过了对刑事拘留的司法监视。刑事责任年龄最低限度由 16 周岁上调为 18 周岁，最高限度由 65 周岁下调为 60 周岁；

15. 修订部分恢复名誉的期限以保证名誉受损者重新融入社会（第 688 条、第 689 条、第 692 条）。

导　语

第一章　无罪推定

第 1 条　根据法律保障公正审判的原则，所有被告人或犯罪嫌疑人在未经依法决议有罪之前，应视其无罪。[②]

一切疑点利益归于被告人或犯罪嫌疑人。

第一卷　犯罪案件的侦查和勘验

第一编　犯罪案件侦查部门

第一章　案件调查的追溯效力

第 15 条　有关犯罪案件调查的规定具有追溯效力。

根据刑法相关条款，一切执行上述规定的人员有义务保守职业机密。

---

① 伊历 1421 年 2 月 28 日（2000 年 6 月 1 日）第 4800 期官方公报，第 1256 页。
② 新《宪法》第二十三章第 4 条：无罪推定和公正审判应得到保障。

南　非

南非共和国宪法[*]

（1996 年通过新宪法并于 1997 年生效）

第二章　权利法案

第 9 条　平等

任何人在法律面前都是平等的。平等地受法律保护，平等地享受法律所规定的权利。

平等包括完全及公平地享受所有的权利和自由。为了促进平等的实现，可采取立法或其他措施以保护个人或团体。

国家不得对任何人进行不公平的直接歧视或间接歧视。无论该歧视是基于种族、性别、怀孕状况、婚姻状况、族裔或社会出身、肤色、性取向、年龄、残疾、宗教、善恶观念、信仰、文化、语言、出生等任何一方面或几方面理由。

依照第 3 款的规定，任何人不得基于上述一种或多种理由直接或间接地歧视他人。立法机构必须制定法律以防止或禁止不公平的歧视。

以第 3 款所列的一种或多种理由对任何人进行歧视都是不公平的，除非能够证明该项歧视确属公平。

第 35 条　被逮捕、拘禁之人的权利

每一个因被指控犯罪而遭受逮捕的人皆有权：

（1）保持沉默；

（2）立即被告知；有权保持沉默以及不保持沉默的后果；

（3）不被强迫作出任何可用作对其不利证据的自白或承认；

（4）在合理可能的最快时间内被转送至法院，但是最迟不得超过逮捕后的 48 小时，如果 48 小时届满后法院不在正常的工作时间，则在 48 小时届满

---

[*] 文本来源于南非共和国政府信息网（南非政府官办网站）。

后的第一个法院工作日转送至法院；

（5）在被逮捕后第一次出庭时被控告或被告知继续羁押或释放的理由；以及

（6）如果符合正义的需要，在合理的条件下从拘禁中予以释放。

每一个被拘禁的人，包括每一个被判刑的人，皆有权：

（1）迅速被告知被拘禁的理由；

（2）选择并咨询律师，并立即被告知这项权利；

（3）在可能构成对当事人严重不利的情况下，由国家指派律师并支付费用，并被立即告知此项权利；

（4）在法庭上亲自对拘禁的合法性提出抗辩，如果羁押确属非法，应当立即释放；

（5）基于人格尊严，国家应当至少提供具备适当住宿、营养、阅读资料及医疗条件的拘押环境；以及

（6）与下列人士交流或受访：配偶或伴侣、近亲属、选定的宗教导师、选定的医师。

每一个被告有权接受公平的审判，包括：

（1）被告知指控的足够细节以便答辩；

（2）有足够的时间与设施用于准备答辩；

（3）在普通法院公开受审；

（4）开始或结束审判，在没有不合理的延迟的情况下，不受不合理延迟；

（5）亲自出庭受审；

（6）选择律师并由其代理，并被迅速告知此项权利；

（7）在可能造成明显的不公正的情况下，由国家指派律师并支付经费，并被迅速告知此项权利；

（8）在审判过程中实行无罪推定并有权保持沉默，以及不作证；

（9）有权举证或对证据提出质疑；

（10）不被强迫自证其罪；

（11）以被告通晓的语言进行审判，无法这样做时则需提供翻译；

（12）任何行为或疏忽在发生的时候依国家法律或国际法并非犯罪，不得被宣告有罪；

（13）不得对先前已经宣告无罪或有罪的任何行为或疏忽再行审判；

（14）如果该犯罪行为的刑罚在犯罪行为发生与审判之间的时间内被变更，则应适用较轻的刑罚；

（15）上诉至更高一级的法院或由其复审。

本条规定的任何对特定人提出的信息，应当以该人通晓的语言提出。

以侵害本权利法案中的权利的任何方式获得的证据，如果采纳这种证据会导致审判不公或有碍于正义的实现，则应当予以排除。

尼日利亚

尼日利亚联邦共和国 1999 年宪法[*]

(1999 年 5 月 5 日颁布，5 月 29 日正式实施)

第四章　基本权利

第 34 条　尊严的权利

(1) 每个人的尊严不受侵犯，以及

(a) 任何人不得受到酷刑或不人道或有辱人格的对待；

(b) 任何人都不应被奴役和压迫；

(c) 任何人都不应被要求进行强制性的劳动。

(2) 本条第 (1) 款 (c) 项中的"强制性的劳动"的内容不包括：

(a) 法院审判结果所要求的任何劳动；

(b) 联邦军队或尼日利亚警力在诸如执行任务时所要求的任何劳动；

(c) 当事人故意拒绝向联邦军队服兵役的情况下所被要求进行的替代服务劳动；

(d) 生命或者社会福祉受到紧急情况或者灾难威胁下的合理需要的劳动；或

(e) 任何下列组成部分的劳动或服务：

(i) 正常的社区和其他为社会福祉的公民义务；

(ii) 国民议会法令规定的在联邦军队服役的义务；

(iii) 国民议会法令规定的尼日利亚公民教育和培训的义务。

---

[*] 文本来源于《尼日利亚联邦共和国政府公报》。

第 35 条 个人的自由权

（1）除以下情况并按照法律所许可的程序外，人人都有人身自由权，任何人不得剥夺这种权利：

（a）为执行法院有关刑事犯罪的裁判；

（b）为确保遵守法庭秩序，以及法律赋予的强制义务的履行；

（c）基于法院的命令或者有合理理由认为其有犯罪嫌疑而强制其至法庭，或者有合理需要阻止其犯罪行为的扩散；

（d）当事人未满 18 周岁时，为其教育及福利之目的；

（e）当事人有传染性疾病的、精神失常的、吸毒的、酗酒的情况的，出于对当事人的治疗照顾或者出于社会保护目的的；

（f）出于阻止任何人非法进入尼日利亚的目的，驱逐、引渡或者用其他法律手段将当事人从尼日利亚驱逐出去的。

如果当事人受到犯罪指控并且依法拘留候审时，不得超过法律所规定的最长拘留期限。

（2）任何被逮捕或者拘留的人员都有权保持沉默，不回答任何问题，直到其与律师或者其所选择的其他人员协商。

（3）任何被逮捕或者拘留的人员应该在 24 小时内（以其能理解的语言）得到其被逮捕或拘留的事实和原因的书面通知。

（4）按照本条第（1）款（c）项被逮捕或者拘留的当事人，如果没有以下情形，那么应在合理的时间提交法庭。

（a）逮捕或拘留之日起 2 个月没有获准保释；或者

（b）逮捕或拘留之日起 3 个月获准保释，他将被无条件释放或者在为确保不防碍其后对他的审理而采取必要的措施后释放。

（5）本条第（4）款中的"合理时间"是指，

（a）如果被逮捕或拘留的地点半径 40 公里范围内有司法健全的法院，那么期限为 1 日；

（b）在其他情况下，法院可考虑 2 日或者更长的时间。

（6）当事人遭受非法逮捕或拘留应该得到赔偿，并且由适当的机关或者个人进行公开道歉。此款中，"适当的机关或个人"是指法律规定的机关或个人。

（7）本条内容不应理解为：

（a）本条第（4）款不得适用于基于合理理由怀疑犯有死罪而被逮捕或者拘留的人；

（b）不能因为某一法律授权规定联邦政府军队或尼日利亚警察成员因有

罪而拘留期限不超过 3 个月的原因而被认为无效。

第 36 条　公平听证的权利

（1）在有关确定公民权利与义务的判决中，包括任何其与政府关系判决，当事人应该被赋予公平听证权，在合理的时间内以宪法所规定的方式由法院或者其他审判组织保证其独立和公正。

（2）以下情形并不损害本条的规定，法律并不因授权政府决定那些影响或者可能影响公民权利及义务而无效：

（a）在政府作出决定影响当事人的权利义务之前，需要向其提供申辩的机会；

（b）不包含任何使行政机关决定具有最终效力的条款。

（3）本条第（1）款相关事务的法院处理程序必须公开举行。

（4）不论是谁受到犯罪指控，除非对其撤销指控，否则他都应该由法院或者法庭赋予平等的公开听证的权利，但——

（a）法院或者法庭出于国防利益、公共秩序、社会公德、未满 18 周岁的当事人的利益、个人隐私，或者诸如此类由于公开就可能与司法宗旨相违背的情形的除外；

（b）在法院或法庭的诉讼中，如果联邦政府部长或者州政府专员认为诉讼涉及公众利益而不适宜公开审判，那么，法院或者法庭应该要求其提供相关证据，并采取必要措施防止泄露。

（5）被指控有罪的当事人在被证明有罪前应视为无罪。要求当事人自证其罪的法律是无效的。

（6）被指控有罪的人有权：

（a）及时以其能够理解的语言被告之其详细罪行及性质；

（b）获得充足的时间和条件为辩护做准备；

（c）选择本人或者通过其律师进行辩护；

（d）由本人或其律师质问被法院或其他审判机构传唤的控方证人，以及有权与控方一样要求法院或其他审判机构传唤有利于自己的证人，并参加询问；

（e）在法庭审判过程中得到无偿的翻译服务。

（7）任何刑事罪行的审判，法院或者法庭应该保留诉讼记录，被告一方或者其授权人在判决的 7 日内有权获得判决的副本。

（8）任何人不得因在行为时不被认为是犯罪的行为而被认定为罪犯；也不得处比犯罪时应当处罚的更重的刑罚。

（9）任何人就其罪行或刑事罪行已经由有管辖权法院或法庭进行过审判

的，不论是有罪还是无罪，除上级法院命令再审的外，都不能就其相同的罪行或刑事罪行进行再次审判。

（10）被赦免的当事人不得因此罪行被再审判。

（11）不得强行要求被指控者提供证据。

（12）除本宪法另有规定外，当事人不应认定有罪，除非成文法对该罪行及对刑罚有规定。在此款中，"成文法"是指国民议会或隶属州的法律法规，或是根据法律条款制定的文书。

突 尼 斯

突尼斯共和国宪法[*]

（1959年6月1日由时任总统哈比布·布尔吉巴签署公布）

第一章 总 纲

第6条 每个公民都有同等的权利和义务，法律面前人人平等。

第12条 拘留权属于司法监管，只有通过司法允许才可以进行羁押拘留。禁止曝光任何受过羁押拘留的个人信息。

任何被告人在法庭证明其罪行成立之前都被认为是清白的。法庭保障被告进行自我辩护的权利。

第13条 刑罚是针对个人的，应根据之前已签署的法律执行。

根据法律规定，任何被剥夺自由的人都应当受到人性化的对待，并且人格尊严受到尊重。

第四章 司法机关

第65条 法官是独立的，除法律外，没有任何权利凌驾其上。

---

[*] 文本来源于官方网站。

美 洲

阿 根 廷

刑事诉讼法典[*]

第 23984 号法令：国家刑事诉讼法典

第一编 总 则

第一章 基本保障、法律的解释和实施

第 1 条 法定法官、先期审理、无罪推定、一事不再理

只有宪法指定和法律授予管辖权限的法官才有资格对案件进行审理。仅可依据实施犯罪行为前的法律及其规定处以刑罚。针对被告人的确定判决，应当依据无罪推定原则作出，任何人未经上述程序不得被认定为有罪。不得对任何人因为其同一行为被再次提起刑事诉讼。

第 2 条 限制性解释和类推解释

所有限制人身自由的规定的解释，所有根据本法典限制犯罪嫌疑人、被告人行使权利的规定的解释，所有诉讼程序性处罚的规定的解释，均采用限制性解释。不得对刑事法律作出类推解释。

第 3 条 疑罪从无

案件存疑的，应当适用最有利于被告人的原则。

第 4 条 审判原则

具有管辖权的法院，以不违反本法典的规定和宗旨为前提，颁布和执行本法典所需的审判规则。

---

[*] 本法典于 1991 年 8 月 21 日由国会批准，后历经 20 余次修改，最近一次修正时间是 2012 年 12 月。本译本根据阿根廷《官方简报》提供的西班牙语文本翻译。

巴　西

刑事诉讼法典[*]

巴西联邦共和国

总统府

总统办公室

法律部副主任

1941 年 10 月 3 日第 3.689 号法令

第一卷　诉讼的一般规定

第一编　引　　则

第 1 条　在整个巴西国土，刑事诉讼受本法典规范，但以下情况除外：

1. 条约、公约及国际法规则；

2. 共和国总统享有的宪法特权、部长在与共和国总统实施的犯罪相牵连的犯罪方面所享有的宪法特权，以及联邦最高法院法官在责任罪方面所享有的宪法特权（参见《宪法》第 86 条、第 89 条第 2 段和第 100 条）；

3. 军事司法管辖范围内的诉讼；

4. 特别法院管辖范围内的诉讼（参见《宪法》第 122 条第 17 款）；

5. 出版犯罪的诉讼。参见第 130 号《针对基本规定的争辩》。

独一段　当特别法无相反规定时，本法典同样适用于第 4 款和第 5 款所提及的诉讼。

第 2 条　刑事诉讼法立即适用，但不影响在先前的法律生效期间内所作行

---

[*] 本法典于 1941 年 10 月 3 日由总统颁布，并于次年 1 月 1 日起生效。本法典后经多次修订，本译本依据的是 2012 年 7 月 4 日的修正案。本译本根据巴西总统府官网（http://www2.planalto.gov.br）提供的葡萄牙语文本翻译。

为的有效性。

第3条 刑事诉讼法允许扩张解释、类推适用和法律一般原则的补充适用。

巴西联邦共和国宪法*

(1988年9月22日制宪会议通过，1988年10月5日公布施行)

第二编　基本权利和保障

第一章　个人、集体的权利与义务

第5条 法律面前人人平等，不因任何理由而有所差别。本宪法依照下列条款，保障所有巴西公民和居住在巴西的外国公民的生命、自由、平等、安全和财产权利不受侵犯：

1. 依照本宪法的规定，男女的权利和义务一律平等；
2. 除依照法律规定外，任何人不得被强迫作为或不作为；
3. 任何人不受残酷、非人道或有辱人格的对待；
4. 意见表达应属自由，但不得匿名；
5. 反论权以及金钱、精神和名誉损害赔偿受保障，但应与权利受到侵害的程度相符；
6. 良心自由和信仰自由不受侵犯，保障宗教行为自由，并依照法律规定

---

* 文本来源于巴西总统府网站，并参考了美国迈阿密大学法学院Keith S. Rosenn教授的英文译本。

译者注：巴西宪法结构和体例均较为复杂。在结构上，宪法由正文、过渡宪法条款法案和宪法修正案未插入条款三部分组成。在体例上，巴西宪法原文中，条文以阿拉伯数字排序，条下以罗马数字Ⅰ、Ⅱ等分款，款下以小写英文字母a)、b)等分项；许多条款正文后还有以§1、§2标示的款项，§1、§2之下又按照罗马数字和小写英文字母分款、项；个别条款正文后还设有独立条款(Sole Paragraph)。在翻译时，为尊重汉语习惯，将罗马数字Ⅰ、Ⅱ改为阿拉伯数字1、2，小写英文字母a)、b)改为(1)、(2)，以§1、§2标示的款项保留原符号。但在宪法涉及条文引用处，为了避免翻译为条、款、项可能造成的混淆和表述烦琐，本译文在涉及条文引用处尊重巴西宪法原文体例，如原文引用"art.12，Ⅰ"译为"第12条1"，引用"art.12，Ⅰ，a)"译为"第12条1-(1)"，引用"art.12，§4"译为"第12条§4"，引用"art.12，§4，Ⅰ，a)"译为"第12条§4-1-(1)"，特此说明。

保护宗教场所和宗教仪式；

7. 依照法律规定，保障在民用和军用集体监禁设施内提供宗教援助；

8. 不得因宗教信仰、哲学观或政治观点而剥夺任何人的任何权利，除非其为逃避普遍性法律义务而主张上述信仰，且拒绝履行法定替代性义务；

9. 知识、艺术、科学及通信活动的表达应属自由，不受任何审查或批准；

10. 个人隐私、私生活、荣誉和名誉不受侵犯，保障上述权利受到侵犯时，个人获得经济赔偿或精神损害赔偿的权利；

11. 住宅是个人不受侵犯的庇护所，除非因现行犯罪、灾难或为提供救助，或者在白天依据法院命令，非经居住者允许，任何人不得进入；

12. 通信以及电报、数据、电话通信秘密不受侵犯，但针对电话通信，依据法院命令，以刑事调查或刑事诉讼中的事实调查为目的，按照法定情形和方法进行的限制除外；

13. 人人享有从事职业、商业、行业的自由，但应具备法定专业资质；

14. 人人有权获知信息，在职业活动必需时应保证消息来源的保密性；

15. 和平期间可在本国境内自由迁徙，任何人可依照法律规定，携带其财产进入、离开国境或在本国居留；

16. 只要不妨碍其他事先要求同样场地的集会，所有人均可在公共场所举行和平、非武装的集会，集会无须许可，惟应事先通知主管机关；

17. 出于合法目的结社的自由受到保障，但禁止组建任何准军事性组织；

18. 创建社团以及依照法律规定创建合作社，无须获得授权，禁止国家干涉其运作；

19. 只有根据法院判决，才能强制解散社团或暂停社团活动，解散社团所依据者必须为终审且不可上诉判决；

20. 不得强迫任何人加入社团或强制保留其成员资格；

21. 如被明确授权，社团有权以司法方式和非司法方式代表其成员的权益；

22. 财产权受保障；

23. 财产应符合其社会功能；

24. 法律应规定在公平及提前以现金补偿的基础上，因公共需要、公共用途或社会利益征收财产的程序，本宪法规定的例外情形除外；

25. 如遇紧急的公共危险，主管机关可使用私人财产，但应保证财产受损时对所有人的事后赔偿；

26. 法律规定的供家庭劳作的小型农业财产，不得用于偿还因其生产活动所产生的债务，法律还应规定途径资助其发展；

27. 作者享有使用、出版或复制自己作品的排他性权利，该权利可在法定期限内转移由其继承人享有；

28. 以下权利依法受到保护：

（1）个人在其参与创作的集体作品中拥有的权利，以及复制其声音、形象的权利，包括在体育活动中拥有的此类权利；

（2）创造者、表演者及其各自所属的工会和社团监督其创作或参与的作品的经济收益情况的权利；

29. 在平衡社会利益与国家经济、技术发展的前提下，法律应保证工业发明的完成者有限期地使用其作品的特权，工业创造、商标所有权、公司名称和其他显著标志同样受到保护；

30. 继承权受保障；

31. 为了在被继承人的属人法不利于巴西籍配偶和子女时保护其利益，继承外国人位于巴西境内的财产应依据巴西法律；

32. 国家应依照法律规定，为消费者提供保护；

33. 所有人有权在法定期限内从公权机关获取涉及其私人利益或有关集体、公众利益的信息，其保密性对社会和国家安全至关重要的信息除外；

34. 保障所有人无须支付费用而享有以下权利：

（1）为维护权利或反对违法行为与权力滥用，向公权机关申诉的权利；

（2）为维护权利或澄清事关个人利益的情况，从政府部门获得证书的权利；

35. 法律不得排除司法机关对任何权利损害和威胁所进行的审查；

36. 任何法律不得损害既得权利、既成司法行为或既决案件；

37. 禁止成立特别法院或法庭；

38. 承认陪审团制度，其组织由法律规定，应确保：

（1）充分辩护；

（2）秘密表决；

（3）陪审团裁定的终局性；

（4）针对生命的故意犯罪，必须由陪审团裁决；

39. 法律无明文规定，不构成犯罪，亦不得处以法律未明文规定的刑罚；

40. 除非有利于被告人，刑法不得溯及既往；

41. 法律应惩处任何侵犯基本权利和自由的歧视行为；

42. 种族歧视犯罪不得保释且无追诉时效限制，并应依照法律规定判处监禁；

43. 法律应当规定酷刑、非法贩卖毒品或同类药物、恐怖主义以及其他法定重罪不得保释、宽赦或大赦；主犯、从犯以及本能避免犯罪但未阻止者，均应受到处罚；

44. 平民或军事武装团体实施的破坏宪法秩序和民主政体的罪行不得保释，且不受追诉时效限制；

45. 刑罚不得转承他人，但依照法律规定，损害赔偿责任和剥夺财产的判决可由继承人承担，并可强制执行，但以继承财产的价值为限；

46. 法律应规定刑罚个别化原则，并采取如下刑罚种类：

（1）剥夺或限制自由；

（2）剥夺财产；

（3）罚款；

（4）替代性社会服务；

（5）中止或剥夺权利；

47. 不得施以以下刑罚：

（1）死刑，第 84 条 19 规定的宣战情形除外；

（2）终身监禁；

（3）强迫劳役；

（4）流放；

（5）酷刑；

48. 根据犯罪性质、罪犯年龄和性别的差异，判决应当在不同的设施内执行；

49. 应尊重罪犯的身体和精神完整；

50. 应保证女性罪犯在哺乳期间可与其子女共同生活；

51. 不得引渡巴西公民，但因归化方式取得巴西国籍的公民在归化前犯罪的，或依照法律规定，被证明参与非法贩卖毒品或同类药物者除外；

52. 不得因政治或思想犯罪引渡外国人；

53. 非经主管机关，任何人不得被审讯或判决；

54. 未经正当法律程序，任何人不得被剥夺自由或财产；

55. 应确保司法或行政诉讼中的当事人以及一般被告人可使用相应的措施和资源，以遵循抗辩式诉讼制度并享有完整的辩护权；

56. 通过非法手段取得的证据在诉讼中不予采信；

57. 在终审且不可上诉判决定罪之前，任何人不得被认定有罪；

58. 除法律规定的情形外，因民事责任须进行身份鉴定之当事人不得提交刑事鉴定；

59. 对应当公诉的犯罪，如未能在法定期限内提起公诉，应允许个人起诉；

60. 只有必须保护隐私或社会利益时，法律才可限制诉讼活动的公开性；

61. 除非现行犯或依据有正当理由的主管司法机关的书面命令，任何人不得被逮捕，法律规定的军事犯罪或特定军事犯罪除外；

62. 逮捕任何人，应当立即连同羁押场所告知主管法官、被逮捕人的家属或由被逮捕人指定的人；

63. 被逮捕人有权获知其权利，包括沉默权，应保障其获得家属和律师的援助；

64. 被逮捕人有权获知负责其逮捕或警方讯问的人的身份；

65. 司法机关应立即释放遭非法逮捕的人；

66. 如法律准许无论有无保证，均可具结保释，则不应羁押被逮捕人；

67. 除债务人主动、无法辩解地拒绝履行抚养义务和恶意受托人外，不得因债务而监禁债务人；

68. 当公民的行动自由因他人的违法行为或权力滥用而遭到暴力、胁迫的侵犯或威胁时，可颁发人身保护令；

69. 当违法行为或滥用权力者为公权机关或代为履行政府职责的法律组织时，可签发安全保护令，以保护人身保护令或信息保护令无法保护的合法明确的权利；

70. 有权申请集体安全保护令的是：

（1）在国会有代表的政党；

（2）合法组织并已运作至少 1 年的工会、专业组织或协会，以保护其成员的利益；

71. 因缺乏法律规定，使宪法权利和自由以及国籍、主权和公民权所固有的特权无法行使时，应签发禁制令；

72. 以下情况应颁发信息保护令：

（1）确保申请人知晓有关政府机构或具有公共性质之实体的记录和数据库中收录的有关该申请人的个人信息；

（2）当申请人不愿通过秘密的司法或行政程序更正数据时；

73. 除非被证明是恶意的，任何公民提出民众诉讼，以废止有害于公共财产或国家参与其中的法律实体的财产，或者有害于行政秩序、环境与历史文化遗产的行为，原告免交诉讼费，并无须支付因败诉产生的费用；

74. 对任何能证明其财力不足之人，国家应提供充分且无偿的法律援助；

75. 国家应当赔偿任何被司法错误定罪的人，以及任何被监禁时间长于其刑期的人；

76. 对被认定贫困的人，依照法律规定以下事项免费：

（1）出生证明；

（2）死亡证明；

77. 人身保护令和信息保护令之程序，以及依法为行使公民权所必需的行为，均免费；

78. 对所有人，应保证司法和行政诉讼在合理期限内结束，并提供相应手段以确保案件被迅速审理。

§1. 规定基本权利及其保障的条款立即生效。

§2. 本宪法规定的权利及其保障，并不排除从政体及从本宪法所秉持的原则或巴西联邦共和国参与的国际条约中所衍生出的其他权利和保障。

§3. 有关人权的国际条约和公约，如经国会两院分别投票，并由两院议员各 3/5 以上通过，其效力相当于宪法修正案。

§4. 巴西支持成立国际刑事法庭，并受其管辖。

秘 鲁

刑事诉讼法典[*]

序 章

第1条 刑事司法

1. 刑事司法应当由有权实施司法行为的机构在合理期限内免费进行，但根据本法典规定应当支付费用的除外。

2. 所有人都有权获得符合本法典规定的口头、公开和辩论式的审判。

3. 在诉讼过程中，当事人享有《宪法》和本法典规定的同等地位和权利。法官应当确保刑事诉讼平等的原则，并消除所有阻止或者影响该原则实现的障碍。

4. 依据法律规定的情况和方式可以对司法裁决提起不服。案件审理中旨

---

[*] 本法典于 2004 年 7 月 22 日由秘鲁国会批准，并于 2006 年逐步生效。本译本根据 2004 年 7 月 29 日官方公报《秘鲁人》提供的西班牙语文本翻译。

在终结审理的判决和裁决，均可以被提起上诉。

5. 国家保障因司法错误产生的赔偿。

第 2 条　无罪推定

1. 犯罪嫌疑人和被告人未依法证实其犯罪行为、通过确定判决认定其有罪之前，应当被视为无罪，并受到无罪对待。确定判决依据的证据应当充分，该证据的取得和受理方式应当符合诉讼法规定的必要保障。无法确定刑事责任时，应当作出有利于犯罪嫌疑人和被告人的结论。

2. 在作出确定判决之前，任何司法人员和公共机关不得将犯罪嫌疑人和被告人视为有罪，或者提供类似信息。

第 3 条　刑事指控的一事不再理

任何人不得因同一事实和理由再次被指控和受到处罚，该原则适用于刑事处罚和行政处罚。刑事诉讼中的相关权利优先于相关的行政权利。

作为例外，本法典明确规定可以再行审理的有罪判决由最高法院进行再审。

第 4 条　提起刑事诉讼的主体

1. 检察院负责对刑事案件提起公诉，并负有举证责任。同时，检察院自诉讼开始起对案件的调查进行指导。

2. 检察院必须对决定是否构成犯罪的证据进行客观调查，并依法引导和控制国家警察的调查行为。

3. 检察院和国家警察的调查行为不具有审判性质。在确需具有审判性质时，应当由该机构向法院提起申请，并经由法院作出裁决。

第 5 条　管辖权

1. 法院负责领导中间阶段，尤其是领导审判和依法作出判决和其他裁决的工作。

2. 未经法院依法确定的裁决，不得对任何人处以刑罚和保安处分。

第 6 条　对权利采取限制性措施的合法性

除非《宪法》另有规定，否则限制基本权利的措施应当经司法机关依照一定方式和形式作出，并具备相应的法律保障。依据裁决作出的措施，应当由依法参与刑事诉讼的一方提出申请。司法命令的作出应当基于该措施和限制的基本权利的性质和目的，准备充足的证据材料，且遵守比例性原则。

第 7 条　刑事诉讼法律的生效和解释

1. 刑事诉讼法律自生效起即适用于包括正在审理的刑事案件在内的所有诉讼，并根据该法确定诉讼的期间。然而，对于已提起的不服申请、正在执行诉讼的行为，以及已生效的各类期间，仍适用之前的法律。

2. 刑事诉讼开始受理之后颁布刑事诉讼法律的，新法在关于个人权利方面作出对犯罪嫌疑人和被告人更有利的规定的，则新法具有追溯效力。在可能的情况下，甚至可以适用于已经结束的诉讼行为。

3. 对个人自由或者行使诉讼权利构成影响的刑事诉讼法律、限制当事人被赋予的权利的刑事诉讼法律，以及涉及惩罚的刑事诉讼法律进行解释时，应对其作出严格的解释。不得作出限制犯罪嫌疑人、被告人的自由或者对其行使权利不利的宽泛解释或者法律类推。

4. 现行法律存在不能解决的疑问时，应当作出有利于犯罪嫌疑人、被告人的解释。

第 8 条 证据的合法性

1. 通过符合宪法规定的程序获得和提交的证据，方可以被认定为有效。

2. 通过直接或者间接违反个人基本权利的方式获得的证据，不具有法律效力。

3. 任何违反有关犯罪嫌疑人、被告人的宪法保障性规定的证据，不产生效力。

第 9 条 辩护权

1. 任何人无条件地享有以下不可以侵犯的权利：有权知晓其可以行使的权利，有权及时且详细地了解被指控的罪名，自被有关部门传唤或者羁押起有权自行选择辩护律师或者被指派官方律师，有权获得合理的辩护准备期间，有权自行辩护，有权完全平等地参与证据阶段的活动，有权在法律规定的条件下使用合适的证据方法。无论诉讼程序的阶段和层级，任何人均有权依据法律规定的方式和期间行使辩护权。

2. 不得逼迫或者引诱任何人供述或者承认自己、其伴侣、其四亲等以内血亲或者二亲等以内的姻亲有罪。

3. 刑事诉讼同样保障被害人和被侵害人的知情权和诉讼参与权。检察院有义务对其提供保护，并根据情况予以合理对待。

第 10 条 本章规范的优先性

本章的规定优先于本法典其他任何条款，并作为其他条款解释的基础。

哥伦比亚

刑事诉讼法典[*]

序 章 指导原则和诉讼保障

第 1 条 人类尊严

刑事诉讼参与人的尊严应当受到尊重。

第 2 条 自由

人人享有其自由受到尊重的权利。除通过合法程序、法定理由,并由具有管辖权的司法部门发出的书面命令外,任何人不得限制或者剥夺他人人身自由。

经国家总检察院事先申请,监督法官基于或者确保犯罪嫌疑人参与诉讼,或者保全证据,或者保护社会利益特别是被害人利益的需要,可以命令限制犯罪嫌疑人的自由。同样地,如果情形发生变化使上述限制措施不合理或者不公正的,经诉讼参与任何一方申请,可以对其在本法典规定的范围内予以变更或者撤销。

对现行犯进行逮捕和国家总检察院基于充分理由而进行逮捕的情形中,因合理原因无法申请书面逮捕令的,应当将被羁押人在 36 小时内尽快移交监督法官。

("对现行犯进行逮捕和国家总检察院基于充分理由而进行逮捕的情形中,因合理原因无法申请书面逮捕令的"的表述由宪法法院经 2005 年第 C-730 号判决宣布违宪。)

(本条经 2007 年第 1142 号法令第 1 条修订。)

第 3 条 国际条约优先

刑事诉讼中,哥伦比亚批准的国际条约或者国际公约中涉及人权和例外状

---

[*] 本法典于 2004 年 8 月 31 日由共和国国会颁布,即日起实施,后经历次修订(参见译文中标注),最近一次修正为 2013 年颁布的第 1652 号法令。本译本根据 2004 年 9 月 1 日出版的哥伦比亚第 45658 号《官方公报》提供的西班牙语文本翻译,并根据该国国会网站翻译历次修正案。

态期间禁止限制人权的规定具有优先效力,这些规定已经成为宪法规则体系的一部分。①

第 4 条　平等

司法人员有义务保障刑事诉讼各参与人的平等权利,尤其是经济、身体或者精神状况处于弱势者应当享有的权利。

在任何情形下,性别、种族、社会地位、职业、国籍或者出身、语言、宗教信仰、政治倾向、哲学观点不得成为刑事诉讼中的歧视因素。

第 5 条　公平

法官在行使案件办理监督、决定不起诉和判决过程中,法官有义务客观地寻求事实和正义。

第 6 条　合法性

根据行为实施时有效的诉讼法,结合所审理个案的特有形式进行调查和审判。

具有许可性或者有利性的刑事诉讼法律,即便在诉讼之后生效,也应当优先于限制性或者不利性的规定。

本法典诸规定仅适用于对本法典生效后所实施的犯罪行为的调查和审判。

第 7 条　无罪推定和疑罪有利于被追诉人

未经最终司法裁决确定刑事责任,任何人应当被推定为无罪并受到无罪对待。

因此,刑事指控机关负责刑事责任的查证。存在疑义时,应当作出有利于被追诉人的判决。

举证责任不得倒置。

宣告判决前,关于被追诉人的刑事责任的证据应当确凿无疑。

第 8 条　辩护

在案件审理过程中,一旦被确定为犯罪嫌疑人,其与刑事指控机关享有完全同等的权利实施下列行为:

1. 不得被迫对自己、配偶、稳定伴侣、四等及以内自然或拟制血亲以及二等及以内姻亲提供不利陈述。

("稳定伴侣"的表述由宪法法院经 2009 年第 C-029 号判决宣布合宪。同样地,同性伴侣也享有同等权利。)

2. 不得被强迫自证其罪或者证明其配偶、稳定伴侣、四等及以内自然或

---

① 宪法法院发展了"宪法规则体系"的概念,根据这一概念,规范和原则无须成为成文宪法的条款,而根据宪法的自身授权成为宪法的组成部分。——译者注

拟制血亲以及二等及以内姻亲有罪。

（"稳定伴侣"的表述由宪法法院经 2009 年第 C–029 号判决宣布合宪。同样地，同性伴侣也享有同等权利。）

3. 不得因保持沉默而遭致不利。

4. 为解决纠纷，控辩双方就探讨刑事责任的形式或者方法进行协商但尚未达成一致的，不得援引协商中对犯罪嫌疑犯人不利的部分作为指控的证据。

5. 接受其信任的或者国家指派的律师的聆听、协助和代理。

6. 在不能理解或者表达官方语言时，有权利免费获得法官认可的、具有资质的翻译人员的协助；或者在不能感知语言或口头表达时，有权获得口译人员的协助。在前一种情形中，可以由犯罪嫌疑人指定翻译人员。

7. 在向当局报到前有权与辩护人私下进行沟通。

8. 有权了解涉嫌的指控。指控应当使用容易理解的术语表达，并且应当明确指出用以确定指控的有关犯罪事实的方式、时间以及地点的已知信息。

9. 有合理时间和适当方法准备辩护。在特殊情形中，可以对其必须出席的审理申请正当的延期。

10. 有权申请取证、获知证据和参与质证。

11. 有权获得公开、口头、对抗性、集中、公正、具有及时证据的和不被无故拖延的审判。在其自愿和可能的前提下自行或者通过辩护人询问控方证人，并有权在必要时请求通过强制方式要求证人或者专家出庭，以澄清辩论的内容。

12. 在自由、自发、自主、充分知情并咨询辩护方律师后，可以放弃第 2 项和第 11 项中列举的权利。

第 9 条　口头性

诉讼过程应当口头进行，并在确保能够保存其内容的前提下尽可能使用灵活和忠实的可行技术手段。为此，应当做好诉讼记录。

第 10 条　诉讼过程

诉讼过程应当尊重各诉讼参与人的基本权利，考虑审判的效率。在此过程中司法人员应当重视实体权利。

为达到上述效果，必须开展能使诉讼参与人表达其主张的诉讼程序，使用合适的技术支持这一程序的实现，并遵守法律规定的或者审理过程中司法人员确定的规则。

法官有权依据本法典的规定，对控辩双方、证人、专家和其他参与诉讼人的违反诉讼秩序及进展的行为以貌视法庭的行为进行制裁。

在不影响宪法权力的前提下，法官可以批准控辩双方就不存在实质性分歧的方面达成合意或者协定。

监督法官和审理案件的法官有义务对无效但无须制裁的不规范行为进行纠正，但在此过程中，应当始终尊重诉讼参与人的权利，确保其应当受到的保障。

第 11 条　被害人的权利

国家保障被害人依据本法典的规定向司法机关寻求帮助的途径。

在上述过程中，被害人有权：

1. 在整个诉讼程序中，受到人道且有尊严的对待。

2. 使其隐私得到保护，其安全得到保障，并使其家人及对其有利的证人的隐私和安全得以维护。

3. 依据本法典规定，对已受到的损失向犯罪的实施人或者参与人或者第三方主张及时、完整的补偿。

4. 自第一次与司法当局接触起，在本法典规定范围内获得保护其利益的信息，了解其作为被害人的事件的真相。

5. 为其自身利益考量，在指控过程中酌情作出决定。

6. 有权得知刑事指控的最终决定；在必要时，有权向监督法官提出诉求，并向审理案件的法官提起不服申请。

7. 根据维护司法公正的必要，在审判过程中或者全面赔偿的附带事项中获得由法院依其职权指定的律师的援助。

（"维护司法公正的必要"的表述由宪法法院经 2007 年第 C-516 号判决宣布违宪。）

8. 在法律规定范围内，在其身体恢复过程中获得全面帮助。

9. 在不懂官方语言或者不具有感知语言能力时，免费获得译员或者口译人员的帮助。

（参见 2008 年第 1257 号法令第 8 条。）

第 12 条　忠实性

毫无例外地，各刑事诉讼参与人都应当绝对忠实和诚信。

第 13 条　免费

在案件审理过程中，司法机关不得就其提供的服务向参与诉讼的人士收取费用。

第 14 条　隐私

所有人的隐私权都受到保护。任何人的私生活都不被打扰。

未获得国家总检察长或者其代表的书面命令，不符合本法典所规定的程序和理由时，不得搜查、强行进入或者侵占他人住所、居所和工作单位。现行犯或者法律另有规定的情形除外。

同样地，在有必要对不可自由访问的电脑、机械或者其他性质数据库进行选择性搜索或者截获通信时，适用前述规定。

（"对不可自由访问的电脑、机械或者其他性质数据库进行选择性搜索或者"的表述由宪法法院经 2007 年第 C－336 号判决决定合宪。当涉及个人资料时，被授权的公立或者私立机构应当预先获得司法命令以合法目的组织和采集。）

在上述情形下的 36 小时内，由监督法官进行相关审理以确定上述行动形式和内容的合法性。

第 15 条　反驳

对于庭审和审理附带的赔偿问题过程中提出的证据，以及提前审查的证据，控辩双方有权获知并提出反驳。

为了充分保障此权利，在提出起诉后，国家总检察院应当通过审理案件的法官向控辩双方提供已掌握的所有证据材料和信息，包括对犯罪嫌疑人或者被告人有利的材料。

第 16 条　可采性

案件证据应当以公开、口头、集中的方式，经过审理案件的法官进行庭前核实和当事人之间辩论。非经上述程序不得进行证据审查。然而，在本法典列出的特殊情形下，在监督法官面前预先呈交或者产生的内容可以被认定为证据。

第 17 条　集中性

在案件审理过程中，证据审查和庭前辩论应当连续进行，最好在 1 日进行；如果 1 日无法完成，则应当在连续几日之内进行，除非在合理的特殊情形下，负责审理的法官可以决定在长达 30 日的期限内中止审理。但任何情形下，法官应当确保不同时审理其他案件，以便集中精力于一个案件。

第 18 条　公开性

案件审理过程应当公开。除诉讼参与人以外，媒体和全社会都有权利了解该过程。但法官认为诉讼程序的公开会使被害人、陪审团、证人、专家和其他参与者面临危险，影响国家安全，对应当参与诉讼的未成年人造成精神伤害，危害被告人获得公正审判的权利或者严重干扰调查的除外。

第 19 条　法官法定

任何人都不得由在犯罪行为之后任命的，常规司法结构之外的为该案专门设立的或者特别的法官和法庭进行审判。

第 20 条　两审制

判决和裁定涉及犯罪嫌疑人或者被告人的自由，且将会影响到证据审查过程或者财产处理问题的，可以上诉，但本法典另有规定的特殊情形除外。

上级机关不得对上诉人处以更严厉的惩罚。

第 21 条　既判力

当事人的法律地位一旦通过最终判决或者其他具有同等效力的相关裁定获得确定，将不接受其他针对同一事实的调查或者审判，通过欺骗或者暴力而作出的裁决除外，以及由哥伦比亚正式接受的相关人权监控的国际审判作出的侵犯人权或者严重违反国际人道法裁决除外。

第 22 条　恢复权利

如果合适，国家总检察院和法官应当采取必要措施，消除犯罪造成的影响，恢复事物原状。如果可能，在追究刑事责任的同时，恢复受损的权利。

第 23 条　排除条款

所有违反基本保障权益而获得的证据将失去效力，因此应当排除出案件审理过程。

同样地，其他基于此类证据或者通过此类证据解释的证据也将排除在外。

第 24 条　刑事管辖范围

任何针对在刑事诉讼法中被认定为犯罪行为的调查、指控和审判都应当由相关机构，按照本法典和其他补充条例规定的程序进行。

第 25 条　整合性

对本法典或者其他补充条例没有明确规定的，不违背刑事诉讼性质的内容，《民事诉讼法典》和其他诉讼法同样适用。

第 26 条　优先性

本章的指导原则具有强制性，且优先于本法典其他条款，是解释的基础。

第 27 条　诉讼行为的规范性

在调查或者刑事诉讼过程中，公职人员应当遵照必要、谨慎、合法和准确的标准行事，以避免公共权力，尤其是司法权力的滥用。

古 巴

刑事诉讼法[*]

第一编　刑事诉讼

第一章　总　　则

第1条　刑事司法权以古巴人民的名义行使。在未遵循法律所规定的程序准则和对案件有管辖权的法院作出的判决的情况下，不得判处刑罚或保安处分。

任何人未经法院的正式审判而确认其有罪的，均推定其无罪。所有被指控的行为均应当由除被告人或其配偶或其四亲等及四亲等以内血亲或二亲等及二亲等以内姻亲之外的人员的证言独立证明。因此，被告人、被告人的配偶、被告人的四亲等及四亲等以内的血亲或被告人二亲等及二亲等以内的姻亲除个人陈述外，还负有举证的义务。

（本条依据1994年6月10日颁布的关于修订刑事诉讼法的第151号命令第1条修订）

第2条　参与刑事诉讼的公职人员应当依照法律授予的权力，在各自的权限范围内，记录并评判所有对被告人有利和不利的情节，由此作出裁决，并告知被告人授予其的权利。

第3条　检察院或法院在案件审理过程中认为有必要明确经警察或预审法官审查的案件的各个细节时，应当就具体案件向相应负责人提出，以避免案件审理出现又回溯到诉讼程序前一阶段的可能。

（本条依据1994年6月10日颁布的关于修订刑事诉讼法的第151号命令第1条修订）

---

[*]　本法于1977年8月13日由古巴共和国全国人民政权代表大会批准颁布，经1991年6月、1994年6月和2013年6月三次修改。本译本根据2013年6月25日古巴《官方公报》第18号特别号提供的西班牙语文本翻译。

加拿大

刑事法典*

第一章 通 则

司法行为的效力

第3.1条 除由其他规定或命令外,法庭或法官作出的任何行为于其完成时生效,而不论是否形成书面文件。

加拿大军队不受影响

第5条 本法不适用于有关管理加拿大军队的法律。

无罪推定

第6条 (1)立法规定了某项犯罪并规定了相应的刑罚的:

(a)该人在根据第730条的规定被定罪或撤销指控前,应被视为无罪;

(b)该人根据第730条的规定被定罪或撤销指控的,不得被处以本法或确立此罪的法令规定以外的任何刑罚。

在加拿大境外犯罪

(2)除本法或议会制定的其他法令有规定的以外,不得根据第730条的规定对在加拿大境外犯罪的人定罪或撤销指控。

"立法"的定义

(3)本条中,"立法"指下列法律与根据其制定的规则:

(a)议会制定之法;

(b)确立适用第二十七章规定的罪名的省立法机构制定的法。

适用范围

第8条 (1)本法的规定适用于全加拿大,但下列地区除外:

---

* 本法典于1892年颁布实施,后经不断修正,最新的一次修正案于2014年9月19日生效,并于2014年10月27日发布。本译本根据加拿大司法部官网(http://laws-lois.justice.gc.ca/eng/acts/C-46/20140919/P1TT3xt3.html#right-panel)提供的英语文本翻译。

（a）育空地区，本法与育空法不一致之处；

（b）西部地区，本法与西北地区法不一致之处；

（c）努纳武特地区，本法与努纳武特法不一致之处。

英格兰刑事法的适用

（2）1955年4月1日前在某省有效的英格兰刑法，除经本法或加拿大议会制定的其他法律修正、变更、修改或影响外，在该省继续有效。

普通法原则继续有效

（3）在任何条件下赋予行为正当化或免责理由或针对指控的辩护理由的普通法规则和原则继续有效；除根据本法或议会制定的其他法律修改或不一致之处外，在针对本法或议会制定的其他法律规定犯罪进行的诉讼中继续适用。

不中止民事救济

第11条 因作为或不作为产生的民事补偿，不得因为其为刑事犯罪而中止或受到影响。

根据数项法律处罚的犯罪

第12条 当作为或不作为构成多个议会法规定的犯罪的，无论其为可诉罪或简易罪，除非存在相反的意图的，可以依照其中任一法律规定程序对实施该作为或不作为的人进行诉讼，但不得对同一犯罪重复处罚。

12岁以下的儿童

第13条 12岁以下的儿童不得因其作为或不作为而被定罪。

同意死亡

第14条 任何人无权同意将自己处死，不得因被害人的同意而影响加害人的刑事责任。

对实际法的遵守

第15条 只要作为或不作为符合行为地事实上拥有主权的人临时制定并实施的法律，则不得判定行为人有罪。

精神失常的辩护

第16条 （1）因精神失常而不能辨别作为或不作为的本质与性质，或不得知晓作为或不作为是错误的人，对其作为或不作为不负刑事责任。

推定

（2）除以优势证据证明存在相反情况的，不得根据第（1）款的规定推定任何人患有可免于承担刑事责任的精神疾病。

证明责任

（3）证明被告人患有精神疾病从而得以免于承担刑事责任的责任，由提出该主张的一方承担。

强迫

第 17 条 因当场受到他人以即刻处死或施以人身伤害相威胁而被迫犯罪的人，如其系相信威胁即将被实施而犯罪，且未参与预谋或结伙的，应免于承担刑事责任。但若犯罪为严重叛国罪或叛国罪、谋杀罪、海盗罪、未遂谋杀罪、性侵犯罪、持武器性侵罪、对第三方威胁罪或造成人身伤害罪、严重性侵犯罪、强迫诱拐罪、扣留人质罪、抢劫罪、持武器侵害罪或造成人身伤害罪、严重侵害罪、非法造成人身伤害罪、纵火罪或第 280 条至第 283 条规定的犯罪（诱拐与扣押青少年）的，不适用本条的规定。

配偶的强迫

第 18 条 已婚者受其配偶强迫犯罪的推定，不能仅凭其配偶在场的理由而成立。

对法律的无知

第 19 条 因对法律的无知而犯罪的，不得作为赦免的理由。

在节假日实施的有效行为

第 20 条 根据本法授权签发的令状或传票或根据第十六章、第二十一章或第二十七章的规定签发、执行、递交或订立的出庭通知、出庭承诺、保证书或具结书，可视情况在节假日签发、执行、递交或订立。

1982 年加拿大宪法法*

第一章 加拿大权利与自由宪章

法律权利

第 10 条 逮捕或者拘留

每个人在被逮捕或拘留时有权：

（一）迅速获知被逮捕或拘留的理由；

（二）毫不延误地会见律师并获得法律帮助，且被告知享有此项权利；

（三）根据人身保护令的决定获得拘留的有效性，且如果拘留非法应立即被释放。

---

* 原文注：该法是《1982 年加拿大法案》（the Canada Act 1982）附件二，1982 年 4 月 17 日生效。

第 11 条　刑事与刑罚程序

任何被指控为犯罪的人有权：

（一）毫不延迟地被告知受指控的犯罪；

（二）在合理的时限内接受审判；

（三）不被强迫在指控其犯罪的诉讼程序中作证；

（四）在由一个独立的、公正的法庭举行公平和公开的审判，并按照法律证明其有罪之前，应推定其为无罪；

（五）无正当理由不被拒绝合理保释；

（六）除由军事法庭依军法审理犯罪的情况外，当犯罪的最高刑罚是监禁 5 年或者更重的刑罚时，有权接受陪审团参加的更有利于其的审判；

（七）除非根据加拿大法律或者国际法，作为或不作为构成犯罪，或者根据国际社会公认的一般法律原则认为构成犯罪，不得因任何作为或不作为被认定构成犯罪；

（八）如果宣判无罪已经是终局性的，不得因此再次被审判；如果发现有罪和对犯罪进行处罚已经是终局性的，不得再次因此被审判或处罚；

（九）如果在犯罪发生和审判进行期间，犯罪认定和对犯罪的处罚已经改变，则应受更有利的较轻的刑罚。

第 12 条　待遇或者刑罚

人人有权不受任何残忍的和非正常的待遇或者刑罚。

第 13 条　自证其罪

在任何诉讼中作证的证人，有权不在其他诉讼程序中因为其提供的控告证据来使自身归罪，除非是在伪证罪或给出了矛盾证据的起诉中。

第 14 条　翻译

当事人或者证人如果在诉讼程序中听不懂或者不会讲诉讼程序中所使用的语言或者是聋人，有权获得翻译人员的帮助。

美　国

联邦刑事诉讼规则[*]

（2013年12月1日版）
（美国众议院司法委员会版）

第一章　适用范围

第1条　范围；定义

（a）范围。

(1) 一般规定。本规则适用于合众国境内的地方法院、上诉法院和最高法院的全部刑事程序。

(2) 州司法官员或者地方司法官员。规则条文予以单独说明时，亦可适用于在州司法官员或者地方司法官员面前进行的程序。

(3) 地域法院。本规则同时适用于下列法院的刑事程序：

（A）关岛地区院；

（B）北马里亚纳群岛地区法院，法律另有规定除外；

（C）美属维京群岛地区法院，除非大陪审团或者检察官起诉书所指控的罪名法律另有规定。

(4) 案件管辖权转移程序。本规则适用于案件自州法院移交至联邦法院管辖后的全部程序，但起诉一经驳回则适用州法律。

(5) 除外程序。下列程序不适用于本规则，包括：

（A）逃犯的引渡和交付；

（B）因违反联邦法典行为导致的民事财产没收；

（C）征收罚款或者罚金；

---

[*] 本规则由联邦最高法院制定，于1945年1月3日经司法部长提交国会，于1946年3月21日生效。本译本根据康奈尔大学法学院官网（https：//www.law.cornell.edu/rules/frcrmp）提供的英语文本翻译。

(D) 如本规则第 20 条（d）款无特别规定，关于未成年人犯罪程序，其他专门成文法与本规则关于程序的规定不一致的，适用其他专门成文法；

(E)《美国法典》第 22 编第 256 条至第 258 条规定的海事争议；

(F)《美国法典》第二十八编第 1784 条规定的涉外证人的相关程序。

……

1787 年美利坚合众国宪法*

（1787 年制宪会议通过，1789 年 3 月 4 日生效）

修 正 案

宪法修正案第 4 条

人民保护其人身、住房、文件和财物不受无理搜查扣押的权利不得侵犯；除非有合理的根据认为有罪，以宣誓或郑重声明保证，并详细开列应予搜查的地点、应予扣押的人或物，否则，不得颁发搜查和扣押证。

宪法修正案第 5 条

非经大陪审团提出报告或起诉，任何人不受死罪和其他重罪的惩罚，惟在战时或国家危急时期发生在陆、海军中或正在服役的民兵中的案件不在此限。任何人不得因同一犯罪行为而两次遭受生命或身体伤残的危害；不得在任何刑事案件中被迫自证其罪；未经正当法律程序，不得剥夺任何人的生命、自由和财产；非有恰当补偿，不得将私有财产充做公用。

宪法修正案第 6 条

在一切刑事诉讼中，被告应享受下列权利：由犯罪行为发生地的州和地区的公正陪审团予以迅速和公开的审判，该地区应事先已由法律确定；获知受控事件的性质和原因；与原告证人对质；以强制程序取得有利于自己的证据，并取得律师的帮助为其辩护。

宪法修正案第 8 条

不得索取过多的保释金，不得处以过重的罚金，或施加非常残酷之刑罚。

---

* 文本来源于美国众议院网站。

宪法修正案第 14 条（1868 年 7 月 9 日批准生效）

一、在合众国出生或归化于合众国并受合众国管辖的人，均为合众国和他所居住的州的公民。无论何州均不得制定或实施任何剥夺合众国公民的特权或豁免的法律；无论何州，未经正当法律程序均不得剥夺任何人的生命、自由或财产；亦不得拒绝给予在其管辖下的任何人以同等的法律保护。

二、众议员名额应按各州人口总数的比例分配，但不纳税的印地安人除外。各州年满 21 岁且为合众国公民的男性居民，除因参加叛乱或犯其他罪行者外，其选举合众国总统与副总统选举人、国会众议员、州行政与司法官员或州议会议员的权利被取消或剥夺时，该州众议员人数应按上述男性公民的人数占该州年满 21 岁的男性公民总人数的比例予以削减。

三、曾经作为国会议员、合众国官员、州议会议员或州行政或司法官员，宣誓拥护合众国宪法，却又参与反对合众国的暴乱或谋反，或给予合众国敌人以帮助或庇护者，不得为国会参议员或众议员、总统和副总统选举人，或在合众国或任何一州任文职、军职官员。但国会可以每院 2/3 的票数取消此项限制。

四、经法律认可的合众国公债，包括因支付对平定暴乱或叛乱有功人员的养老金与奖金而产生的债务，其效力不得受质疑。但合众国或任何一州均不得承担或偿付因资助对合众国作乱或谋叛而产生的债务或义务，或因丧失或解放任何奴隶而提出的赔偿要求；所有此类债务、义务和要求应视为非法和无效。

五、国会有权以适当立法实施本条规定。

墨 西 哥

联邦刑事诉讼法典^{*}

编 前 章

第 4 条 在执行本条款所述的侦查过程中，除非针对现场案件以及收到检

---

* 本法典于 1934 年 8 月 30 日颁布，于 1934 年 10 月 1 日生效，后经历次修改。最近一次修正时间为 2014 年 6 月 13 日。本译本根据 2014 年 3 月 14 日出版的《合众国众议院公报》提供的西班牙语文本翻译。

察院、法官和法院书面指示的情形下，严禁刑讯逼供以及羁押犯罪嫌疑人。

初步审理、预审、一审和二审属于刑事诉讼法的司法程序。在此过程中，法院的职权范围包括确定事实是否构成犯罪，被告人是否应当承担刑事责任以及依法对被告人作出判决和提供保护措施。

在诉讼过程中，检察院以及受其领导的司法警察机关负责实施第2条第2项所赋予的职权；检察院监督联邦各级法院严格执行相关法律，严格依法判决。

第5条 在执行判决的过程中，国家行政权力通过法律规定的行政机构，负责实施法院判决和判决中规定的保护措施直至刑罚消灭。检察院负责监督其严格执行司法判决。

第一编 刑事诉讼法典总则

第二章 程 序

第27-1条 因缺少法律规定的必要程序导致诉讼归于无效的，以及因法律明确规定的原因构成诉讼无效的，对当事各方均造成损失。无效诉讼不能由其行为造成无效的一方提出；提起诉讼的一方，针对无效诉讼裁决，可以在接下来的诉讼中提起申诉，并依据其他附带事项的程序进行处理。当某一行为被认定无效时，根据此行为所产生的后续诉讼一并视为无效。对于判定审理无效的裁决，可以通过提起上诉予以更改。

墨西哥合众国政治宪法*

（1917年1月31日由制宪会议制定，
并于1917年2月5日公布于官方公报）

第 一 编

第一章 人权和保障

第20条（最新修订法令于2011年7月14日公布于官方公报上）

---

* 文本来源于2012年6月25日出版的国家公报。

刑事诉讼应为口头起诉。其原则为公开、辩论、集中、连贯和及时。

1. 一般原则：

（1）刑事诉讼以澄清行为事实、保护无辜的人，让罪犯无法逃脱惩罚和犯罪引起的损害得到赔偿为目的。

（2）任何听审必须在法官面前进行，并以自由和有逻辑的方式进行，证据的提交和评估不能委托给任何人。

（3）为使判决有效，证据必须在庭审中提交。法律将规定例外和允许庭审前提交证据，这将由证据的性质来决定。

（4）审讯应由事先未接触案件的法官主持，论证和证明材料应以公开、辩论和口头的形式提交。

（5）证明有罪的举证责任属于起诉的一方，并与犯罪的等级相适应。起诉和辩护双方在程序上平等。

（6）在双方一方出庭，另一方不出庭的程序中，法官不得处理任何事项，必须遵守辩论的原则，本宪法规定的例外情况除外。

（7）刑事诉讼一旦开始，如果被告没有异议，可以根据法律规定的情形和方式中止。如果被告自愿承认司法管辖权，并了解后果，承认其参与犯罪，法官可以启动量刑听证。法律应规定被告承认时所获得的利益。

（8）法官独立确认犯罪的存在。

（9）任何侵犯基本权利取得的证据无效。

（10）本条规定的原则也应在审判前的听审中遵守。

2. 任何被告人的权利：

（1）在法官有罪判决宣告之前，任何嫌疑人应推定无罪。

（2）作证或保持缄默。自其被逮捕之日起，其应知道被逮捕的原因，以及保持沉默的权利，不得以此对其产生偏见。禁止任何单独拘禁、威胁或折磨，否则将受刑罚。无律师协助的自认缺乏证明效力。

（3）在其被逮捕时，以及出现在公诉人或法官面前时，应被告知受指控的行为，以及其享有的权利。对于有组织犯罪，司法机关可以拒绝告知被告的姓名和地址。

法律将规定被控告、审判或判决的人协助调查和起诉有组织犯罪中所享有的利益。

（4）允许其提供证人和其他相关证据，并根据法律规定给予必要的时间，支持证人到庭。

（5）由法官或法庭公开审理。当信息的披露将会导致危险或者法庭认为存在实质的理由可以证实这种危险时，可以基于国家安全、公共安全以及保护受害人、证人和未成年人而限制公开信息。

对于有组织犯罪，当调查不可能在审判中复制或存在对证人或受害人的危险时，调查过程中采取的行动具有证明效力。前述规定不得影响被告的辩护权或挑战他们的权利，以及提供相反证据的权利。

（6）告知其辩护所需的并在诉讼程序中出现的所有信息。

当被告被羁押和其作供认或审讯时，其和其律师应可以获得调查的记录。同样，当其第一次出现在法庭上时，他可以基于为辩护做准备的目的，查阅该记录。从此刻开始，调查事件不再保密，法律明确规定的对于保护调查结论不可或缺的情况除外，但前提是该记录快速的披露不影响辩护权。

（7）如果涉及的犯罪的监禁刑罚不超过2年，其审判不得超过4个月，如果刑罚超过该期限，则审判不得超过1年，除非被告请求多点时间进行辩护。

（8）有权通过律师进行充分辩护，自其被逮捕之时起可以自由选择律师。如果没有或无能力聘请律师，法官应为其指派公共辩护律师。其也有权在诉讼程序的所有阶段要求律师陪同，如果其要求，则律师有义务出现。

（9）任何情况下，拘留或逮捕不得因民事权利或任何其他类似动因而未支付律师费或任何其他款项而延长。

预防性拘留不可以超过法律规定的启动诉讼程序的犯罪的最长时间，且在任何情况下都不得超过2年，除非该延长是因被告的辩护权。如果该期限届满判决仍未公布，被告在诉讼程序中将被立即释放，但不影响施加其他的警告措施。

对于任何监禁刑罚，拘留的时间应计算在内。

3. 受害人或被冒犯者的权利：

（1）接受司法意见。被告知宪法规定的权利，以及基于其要求，被告知刑事程序的进展。

（2）协助公诉人。在调查和庭审程序中当他们陈述的所有信息或证据被采纳时，相应的提交信息和证据的勤勉义务，以及根据法律规定介入庭审和行使追索权。

当公诉人认为其提交证据的勤勉义务是不必要时，它必须规定并证明拒绝提交的正当性。

（3）对于犯罪造成的后果，接受紧急医疗和心理辅导。

（4）对其造成的损害得到恢复。如果适当，公诉人有义务寻求损害的恢复，但不影响受害人或被冒犯者直接要求恢复其损害，但如果一个有罪判决已经作出，则法官不得宣判被告不承担该恢复责任。

法律应规定促进损害赔偿的灵活程序。

（5）在下列情况下对其身份和其他个人信息保密：未成年人；有关强奸、

绑架、贩卖人口的个人犯罪或有组织犯罪；以及根据法官的意见，对保护和保障个案中的辩护权是必要的情形。

公诉人应确保对受害人、被冒犯者、证人的保护，以及刑事诉讼程序涉及所有物品的保护。法官必须监督该义务的适当履行。

（6）为了保护和恢复其权利，可以请求必要的预防措施和命令。

（7）向司法机关申诉公诉人在犯罪调查和保全程序中的失职行为，以及在损害赔偿未履行的情况下撤销起诉或中止程序。

第21条（最新修订法令于2008年6月18日公布于官方公报上）

犯罪调查由公诉人和警察进行，必须接受行使该职权的人的领导和命令。

庭审中的刑事追诉由公诉人行使，法律应规定个人从事刑事追诉的情形。

只有司法机关可以决定刑罚、刑罚更改和刑期。

行政机关，如政府和警察的职责是对于违法行为适用刑罚。该刑罚只能是罚金、不超过36小时的逮捕或社区服务。但如果罪犯不能支付罚金，可以用逮捕来代替，在任何情形下不得超过36小时。

如果罪犯是按日工作的劳动者、工人或雇员，对他的罚金数额不得超过一天的工资或薪水。

如果罪犯是个体劳动者，政府和警察的罚金不得超过他一天的收入。

公诉人可以在法律规定的前提和条件下，考虑从事刑事追诉的标准。

合众国总统可以在参议院批准的情况下接受国际刑事法院的管辖。

公共安全是联邦、联邦特区、各州和地方当局的职责。公共安全包括防止犯罪、调查和起诉，以及根据法律和宪法的各自规定对行政违法的制裁。公共安全机关的行为应以合法、客观、效率、专业、诚实和尊重人权为原则。

公共安全机关应具有民事的、纪律的和专业的性质。公诉人和三级政府的警察力量应互相合作以保证公共安全。他们共同组成国家公共安全系统，应符合下列最低要求：

（a）对公共安全机关的成员进行挑选、录用、培训、续任、评估、表彰和认证。联邦、联邦特区、各州和地方当局应在其各自权力领域进行和完善上述行为；

（b）公共安全机关应建立犯罪和个人数据库。没有在系统中被适当地证明和登记的人不得进入公共安全机关；

（c）应形成旨在防止犯罪的公共政策；

（d）邀请社区参与评估公共安全机关的预防犯罪政策和公共安全制度；

（e）联邦对公共安全提供资金支持，该项资金被用于全国范围内的联邦单位和地方当局，并仅用于该目的。

第 22 条（最新修订法令于 2008 年 6 月 18 日公布于官方公报上）

禁止死刑、肉刑、公开羞辱、烙刑、鞭打、殴打、折磨、过高的罚金、没收财产和其他残酷和非常的刑罚。每项惩罚应与所犯罪行和司法效果成比例。

用于支付罚金或税金的资产不得被没收，也不得被司法机关命令用于犯罪的民事赔偿。下列情况的资产攫取不得视为征收：（a）第 109 条的非法集资；（b）根据相应条款放弃的资产；（c）判决中宣布无主的资产。如果所有权废弃，应根据以下规定的程序进行：

（1）它将属于犯罪的管辖权，但具有自主性。

（2）它将适用于有组织犯罪、毒品犯罪、绑架、盗窃汽车和贩卖人口。包括下列资产：

（a）犯罪的工具、对象或所得，即使刑事责任还未经判决确定，只要有足够的证据证明违法行为已经发生过即可；

（b）虽然不是犯罪的工具、对象和所得，但被用于或旨在隐藏或掺杂了犯罪所得的资产；

（c）第三方用于犯罪的资产，如果其所有人已经知道犯罪但未通知有权机关或没有试图阻止犯罪；

（d）以第三方名义持有的资产，但是有足够的要素证明其继承自犯罪所得或有组织犯罪，以及被起诉的罪犯作为其所有人。

（3）任何能够证明这些资产的合法使用和信任它们被合法使用且不知悉其被非法使用的人可以行使追索权。

第 23 条

任何刑事审判三审终审。任何人一事不再罚，无论其被宣告无罪或被证明有罪。禁止赦免。

乌 拉 圭

刑事诉讼法典[*]

第一编 一般规定

第一章 刑事诉讼的目的及其制度

第一节 刑事诉讼的目的

第 1 条 立法目的
刑事诉讼程序遵循本法典相关规定。

第 2 条 法定程序的适用
非经有管辖权的法院依法定程序作出有执行力的判决,不得对任何人执行刑罚或者保安处分措施。

第 3 条 禁止重复审理
不能对任何人因同一触犯刑法的行为进行重复审查,但之前的审理没有使诉讼行为终结的除外。

第 4 条 刑事诉讼对象的排除
因税务原因产生的罚金,以及因刑事犯罪产生的民事责任,不属于刑事管辖范围,本法典第一编第四章第四节另有规定的除外。

---

[*] 本法典于 1980 年 6 月 24 日由国务会议通过 15032 号法令颁布,并于 1981 年 1 月 1 日起生效,后经历次修正。本译本截至 2013 年 8 月 16 日的修正案。本译本根据乌拉圭参议院 2013 年 8 月 16 日在其公报上提供的西班牙语文本翻译。

第二节　刑事诉讼的制度

第 5 条　释义及整合

刑事诉讼程序问题不能通过成文法或者司法判例来确定的，类推适用相关规定、法律原则和学理学说。

第 6 条　补充条款

本法典的规定在不与共和国其他法律法规发生直接或间接冲突的情形下，与其结合适用。

第 7 条　溯及力

刑法新增罪名或者对原有罪行处以更严苛刑罚的，适用行为时的法律规定。

原有罪名撤销的或者新法的刑罚不及原规定严苛的，适用修改后的法律。原有罪名撤销的，终止诉讼；新法的刑罚不及原规定严苛的，在未作出确定判决之前，适用新的法律。

第 8 条　时效和诉讼时效的规定

前条规定同时适用于法律生效前实施犯罪的诉讼和诉讼时效问题，但撤销起诉的决定和认定某些证据不具有效力的裁定除外。

第 9 条　属地管辖原则

凡在共和国领域内犯罪的，无论行为地或者被告人国籍，都适用本法典及其修正案的规定。

第二章　诉　　讼

第一节　刑事诉讼

第 10 条　法定原则

刑事诉讼由检察院提起，并依据法律规定的各项案件公开进行。

智 利

刑事诉讼法典[*]

第一编 一般规定

第一章 基本原则

第1条 预审和一次性指控

未经法院公正判决,不得对任何人定罪和处以刑罚,不得对任何人处以本法典规定的保安处分。任何人都有权要求根据本法典条款的规定对案件进行预审和庭审。

被告人被明确宣判有罪、无罪释放或者对其终止审理的,不得再因同一事实再次被提起刑事诉讼。

第2条 法定法官

不得以专门的委员会形式对任何人进行审判。只有法院有权依据刑事法律进行审判。

第3条 刑事调查的专有权

检察院根据《宪法》和法律规定的形式,对案件事实,以及确定参与程度、确定追诉人无罪的事实进行专门调查。

---

[*] 本法典由智利参议院于2000年9月29日批准,本法典在科金博地区和阿劳卡尼亚地区,自2000年12月16日起生效;在安托法加斯塔地区、阿塔卡马地区、马乌莱地区,自2001年10月16日起生效;在塔拉帕卡地区、卡洛斯·伊瓦涅斯将军的艾森地区、麦哲伦地区、智利属南极地区,自2002年12月16日起生效;在瓦尔帕来索地区、解放者贝纳尔多·奥希金斯将军地区、比奥比奥地区、洛斯拉格斯地区,自2003年12月16日起生效;在圣地亚哥首都大区,自2005年7月16日起生效。本法典后经历次修改(参见译文中标注)。最近一次修正时间是2014年6月14日。本译本根据智利国会图书馆网站2015年1月24日提供的西班牙语文本翻译。

第 4 条　犯罪嫌疑人的无罪推定

未经确定判决，不得确定任何人有罪或者将其作为有罪的人予以对待。

第 5 条　羁押措施或者限制自由措施的合法性

非依《宪法》和法律规定的原因和方式，不得对任何人传唤、逮捕、羁押、处以预防性监禁，以及通过其他方法剥夺或者限制其人身自由。

依据本法典的规定授权限制被追诉人自由或者限制其行使其他权利的，应当作出限制性解释，不得类推适用。

第 6 条　对被害人的保护

检察院有义务在刑事诉讼各阶段保护案件的被害人。法院在诉讼过程中依据保证被害人权利的有效性。

检察官在诉讼程序中通过财产协议、预防措施或者其他机制，帮助补偿被害人的损失。检察官的此项职责不包括帮助被害人提起附带民事诉讼。

警察和其他辅助机构应当根据被害人的情况进行处理，督促被害人最大限度地参与其应当介入的诉讼程序。

（本条根据 2002 年 1 月 30 日颁布的第 19789 号法独立条第 1 款修改。）

第 7 条　被指控对象的状态

自开始办理针对犯罪嫌疑人参与的案件直至对其处以的判决执行完毕，应当尊重共和国《政治宪法》[①]、本法典和其他法律承认的权限、权利和保障。

以上规定中所谓开始办理包括：具备刑事案件管辖权的法院或者检察院和警察机关实施的，旨在确定案件中个人刑事责任的调查类、临时性措施类和类似的办理或者管理活动。

第 8 条　辩护的范围

被追诉人有权自案件开始办理起，委托律师进行辩护。国家有为所有未委托律师的被告人指定律师的义务。法官应当在被追诉人首次现场参与诉讼程序之前为其指定律师。

除本法典另有明确规定外，被追诉人有权提出合适的提议和辩护，并参与所有司法活动和其他诉讼活动。

（本条根据 2012 年 6 月 2 日颁布的第 20592 号法独立条第 1 款修改。）

第 9 条　预先司法授权

任何剥夺、限制或者损害受《宪法》保护的被追诉人、第三方权利的程序必须经过预先司法授权。

[①] 智利的《政治宪法》与《宪法》为同一部法典，此处依据原文翻译，下同。——译者注

调查、审理活动会造成上述后果的，检察官应当预先申请保障法官对其行动授权。

紧急情况下无法立即获得司法授权或者命令的，可以通过电话、传真、电子邮件或者其他任何具有类似性质的方法在相关登记处提出申请，并在事后作出记录。但在逮捕的情形中，由实施逮捕的警务人员根据授权逮捕的法院的指示，记录犯罪嫌疑人实施犯罪的基本情况和时间。

（本条根据 2005 年 11 月 14 日颁布的第 20074 号法第 1 条第 1 款修改。）

第 10 条　保障的慎重性

在诉讼程序的任何阶段，法官认为被追诉人不具备行使《政治宪法》、法律和智利签署并生效的国际条约中承认的应当保障的司法权利的条件的，必须依职权或者依申请采取必要措施保证其权利的行使。

上述措施不足以避免被追诉人权利遭受严重损害的，法官应当中止诉讼程序，并召集各方当事人进行审理。法官根据收集的信息和审理的结果，裁定诉讼程序继续进行或者暂时停止。

第 11 条　刑事诉讼法律的临时适用

规定刑事诉讼内容的各部法律可以适用于已经开始的诉讼程序，但法院认为之前适用的法律规定更有利于被追诉人的除外。

第 12 条　诉讼参与人

本法典所称诉讼参与人，是指自开始实施诉讼行为或者开始行使法律授予的特定权利之时起的检察官、被追诉人、辩护人、被害人和控诉人。

第 13 条　外国法院作出的刑事判决在智利的效力

外国作出的刑事判决在智利有效。根据外国法律和程序已经对被告人作出有罪判决或者无罪释放的确定判决的，不得再对其进行审判或者判决。除非该国判决是为让个人逃避属于本国法院管辖事项的刑事责任，或者被追诉人明确表示国外的审理和判决未依据正当程序，或者是未经认真审理而出现过错的。

判处的刑罚应当在智利境内执行但刑罚已经在国外执行完毕的，视为已经在智利执行完毕。

外国刑事判决的执行依据智利签署并生效的国际条约的规定进行。

大 洋 洲

巴布亚新几内亚

巴布亚新几内亚独立国宪法[*]

（1975年8月15日由制宪会议通过，
1975年9月16日生效）

第三章 政府基本原则

第三节 基本权利

第二小节 基本权利

第37条 法律保护

一、每个人有权得到法律全面保护，且本条之后的条款力图确保权利，特别是被拘留或被控诉有罪的人的权利得到保证。

二、除非是一般所谓的"藐视法庭罪"，任何人不得被判处法律没有规定的罪名，不得遭受法律没有规定的惩罚，但如议会法令有相反规定仍需遵从。

三、除非指控被撤销，被指控有罪的人应该在合理期间内得到由独立中立的法院给予的公正的审判。

四、被指控有罪的人：

（一）在根据法律被证明有罪之前，被指控的人应被推定无罪，但是法律可以责令被指控者负有证明其知道，或略加注意即可独知的具体事实的义务；

（二）应被立即以其理解的语言详细告知其被指控犯罪的性质；

（三）应被给予充足时间和便利准备辩护；

---

[*] 文本来源于巴布亚新几内亚政府间关系部网站。

（四）如果不能理解或讲审判时使用的语言，应被允许得到免费的翻译帮助；

（五）应被允许在法庭上自行辩护或自费选择聘请律师，或如果其有权得到法律援助，由根据法律指派的公诉人或其他律师进行辩护；

（六）为其提供由其本人或由被告人的法律代理人讯问原告方面证人的方便，被告方面的证人在出庭、讯问与作证等方面的条件与原告方面的证人相同。

五、除非得到其同意，审判不应在其缺席情况下进行，除非其出席使得诉讼程序不能进行，致使法院命令强制将其带出法庭并在其缺席时审判；但是，所指控的犯罪最高刑不超过监禁（除非因拖交罚款）时，法律可以规定在被告人缺席的情况下进行简易审讯，只要确知被告已经及时收到其被控罪行的传票。

六、为被告人作证的证人的费用如果必须由公共基金开支，法律又规定了必须满足的合理条件，本条第四款第（六）项并不否定该法律的效力。

七、任何人不应因当时不构成犯罪的行为而受到指控，不应受到超过犯罪当时应判处的最高刑罚的惩罚。

八、任何因犯罪而受到法院的审判，并已经被宣判有罪或无罪的人，不得因该罪或在对该罪审判中已经被判刑的其他罪再次受到审判，除非最高法院在对宣判或无罪释放的上诉或复核中作出命令。

九、任何人不因其被赦免的罪行而受到审判。

十、任何人不应被强迫在刑事审判中自证其罪。

十一、不应作出对民事权利义务的存在或延续的决定，除非是由独立和中立的法院或法律规定或双方协商一致的其他机构作出，并且应在合理期限内对决定的程序进行公正的听证。

十二、除非双方当事人同意或出于国家安全目的作出的法庭命令外，法院司法权限内的诉讼和其他权力机构对民事权利义务的存在或延续的决定的程序，包括法院或其他机构对决定的宣布，应公开进行。

十三、本条第十二款规定并不阻止法院与其他机构拒绝双方当事人及其法律代理人以外的人员参加他们受理的诉讼的审讯，范围如下：

（一）在法律授予的权限范围内，法院或其他机构基于下述考虑而认为必要或适宜时：维护公共利益；公开审理会有损公正、会损害未达到选举年龄的人的利益，保护与诉讼有关人员的私生活；

（二）基于国防、公共安全或公共秩序方面的考虑，由法律授权或要求法院或有关机构如此行为。

十四、如从把被告交付审判之日算起4个月内开始审判，则应由首席法官向负责全国司法行政的部长提交案件详细情况报告。

十五、每个被指控犯罪的人有权根据法律对其被判处的罪名和刑罚要求上一级法院进行复审。

十六、任何人不得被法律剥夺其对法院判处的罪名或刑罚进行上诉的权利。

十七、所有被剥夺自由的人应被人道对待,其人格尊严应受到尊重。

十八、被指控的人应与被判刑的人分离,并应受到与未决犯地位相适应的独立对待。

十九、因犯罪或被指称可能犯罪被拘留的未达到选举年龄的人应与其他被拘留者分离,并应受到与其年龄相适应的对待。

二十、一个罪犯不应被转移到远离其亲属居住地的地方,除非是为了安全或其他合法事由,如果被这样转移,则在罪犯的档案上应说明其理由。

二十一、本条不得:

(一)损害第三章第四节(自然正义原则);

(二)影响乡村法庭的权力和程序。

二十二、尽管第二十一款第(二)项作出了规定,但乡村法庭的权力和程序应根据自然正义原则进行。

第四节　自然正义原则

第 59 条　自然正义原则

一、根据本宪法和其他法律,自然正义原则是为控制司法和行政程序而发展的不成文法准则。

二、自然正义的最低要求是公正行事的义务以及原则看起来公正行事的义务。

第 60 条　原则发展

在附件二(特定法律的采用等)的基本法律原则的发展中,应特别重视自然正义原则和为巴布亚新几内亚特别制定的行政法系统的发展,充分考虑国家目标和指导原则、基本社会义务以及巴布亚新几内亚的组织程序和形式。

第 61 条　基本权利和自由

为避免争议,据此宣布本节的前述规定并不损害第三节(基本权利)规定的任何权利和自由。

第 62 条　审慎判断的决定

一、在法律规定或允许个人、企业或机构经审慎判断作出行为的情况下,自然正义的原则仅适用于没有偏见、武断或任意的判断。

二、下列情况除外：
（一）第一款规定的范围；
（二）据第155条第五款（国家司法系统）的规定；
（三）宪法性法律或议会法令规定的；
第一款适用的行为在当事人的审慎判断的范围内不可诉。

第六章　国家政府

第五节　司法行政

第一小节　国家司法行政的整体结构和原则

第157条　司法系统独立

除宪法另有特别规定外，负责国家司法行政工作的部长和司法行政系统外的其他个人或机构（除议会通过立法）均无权指示司法系统内法院或法院成员行使司法权力或职权。

斐　济

斐济群岛共和国1997年宪法[*]

（1990年7月25日制定，
1997年7月25日通过修正案，
1998年7月27日生效）

第四章　权利法案

第27条　被逮捕或被拘留的人
一、每个被逮捕或被拘留人均有下列权利：
（一）立即以其能理解的语言被告知其被逮捕或拘留的原因，及可能被提

---

[*] 文本来源于联合国难民署网站。

起的控告的性质；

（二）若不被指控应立即被释放；

（三）在被逮捕地或拘留地，自愿选择法律从业者私下进行咨询，或如果其没有足够能力聘请法律从业者且正义利益要求有法律代理人，立即被告知其有权根据法律援助得到法律从业者的服务；

（四）提供与下列人员交流、见面的机会：

1. 配偶、伴侣或近亲属；

2. 宗教教员或社会工作者；

3. 在法院对其被拘留的合法性进行反驳，以及如果拘留不合法其应当被释放；

4. 被人道地对待，其固有的尊严得到尊重。

二、权力机关在逮捕或拘留后应立即采取合理措施通知被逮捕人或被拘留人的配偶、伴侣或近亲属。

三、被逮捕的嫌疑犯享有下列权利：

1. 立即以其能理解的语言被告知其有权保持沉默；

2. 应在被逮捕后 48 小时内提交法庭，如果不可行，应尽快；

3. 除非是因为正义的要求，应有取保候审权；

4. 在可行的情况下，待审的被拘留人应与被判刑的人分开关押；

5. 除非不符合儿童的最大利益，在可行的情况下，被拘留的儿童应与成年人分开关押。

第 28 条　被指控人的权利

一、任何被指控犯罪的人均享有下列权利：

（一）在根据法律被证明有罪前，均应推定无罪；

（二）以其能理解的语言，书面清楚详细地告知其被指控的性质和理由；

（三）应被给予充足的时间和便利为辩护做准备，并且在其要求时，有请求证人作证的权利；

（四）可以自己辩护，也可以自费聘请律师代理辩护；或者为了正义的要求，根据法律援助为其提供律师；

（五）除非是正当的利益要求，否则不得引用非法取得的证据；

（六）可以引证或反驳证据，并不得被强迫认罪；

（七）在合理期限内，以法律规定的合理费用获得法庭诉讼记录和决定的复本；

（八）除非有下列情形，否则不得在其缺席时审判：

1. 法庭确认其已经被传唤，或其被要求参加其他诉讼程序的，其选择不到庭的；

2. 如果其出席将使法庭程序无法进行，法庭命令其离开并在其缺席的情况下继续诉讼程序；

（九）除非行为或过失在其发生时构成犯罪，否则不得为罪，且不应受到比犯罪时适用的惩罚更严重的刑罚；

（十）对其在之前已经被宣判有罪或无罪的犯罪，不得再审讯；

（十一）若被判有罪，被告可上诉到上一级法院。

二、如果被指控的罪行将会被判有期徒刑，则第一款第（八）项第1目、第2目的规定不予适用。

三、下列情形的法律与第一款第（十）项、第（十一）项并不冲突：

（一）授权一个法院来审判犯有刑事犯罪的纪律部队的成员，尽管其应当根据纪律惩戒法的规定来定罪或处罚；

（二）要求法院对应受纪律惩戒法惩罚的犯罪嫌疑人作出一项判决。

第29条　司法救济权

一、每一个被指控有罪的人均有在法院接受公正审判的权利。

二、民事纠纷的任何一方有权将纠纷交由独立公正的法院予以解决。

三、被指控有罪的人和民事纠纷的任何一方均有权要求在合理时间内得到判决。

四、依据法律设立的法庭（除了军事法庭）举行的听证会须向公众开放。

五、第四款的规定不适用于下列情形：

（一）议会制定关于青少年审判、家庭纠纷的解决不得公开审理；

（二）如果法律授权法庭为了正义、公共道德、18岁以下人的福利、个人隐私、国家安全、公共安全和公共秩序的目的，应当将当事人和法定代理人排除在特别程序（除了法庭决定的通知）外。

六、每个被指控犯罪的人、民事诉讼的当事人、民事或刑事诉讼的证人，均有提供证据和以其理解的语言被质问的权利。

七、每个被指控犯罪的人、民事诉讼的当事人，均有权以其能理解的语言参与诉讼程序。

八、为了公正的需要，法庭必须为当事人免费提供翻译人员或精通手语人员的服务来实现第六款和第七款所涉及的权利。

九、在刑事程序中，儿童证言的采纳程度应与其年龄相适应。

马绍尔群岛

刑事诉讼法*

第二部分 命令和逮捕令

§104 无逮捕令的逮捕限制

如未取得逮捕令,不得逮捕任何相关人,除非宪法第三节第2条以及与之一致的决策法律另有规定,也就是说,没有足够的时间取得逮捕令。[TTC 1996年,§456;12 TTC 1970年,§52;12 TTC 1980年,§52.] [经 P. L. 2005—33 修订]

§120 被捕人的权利

(1) 以下任何逮捕行为均属非法:

(a) 未能及时且详细地告知被捕人被指控行为的性质和原因;

(b) 未能确保被捕人有机会对该逮捕行为的合法性提出质疑;

(c) 拒绝该被捕人在拘押地于合理的时间内见到律师、家人或者雇主或雇主的代表的权利;

(d) 拒绝或未能作出合理的努力使被捕人通过电话、传真、信使或其他快捷方式给本款第(c)项所述的任何人发送消息,但是,只要被捕人提出要求,可以发送该消息,但该消息的发送费用不得由马绍尔群岛政府支付,被捕人士可向政府预付费用;

(e) 未能在合理的时间内释放该被捕人或判处该被捕人有罪,在任何情况下,该等合理的时间不得超过24小时;

(f) 对于被捕人的监护人,在询问他是否参与任何犯罪之前,未能告知他根据本款第(a)—(e)项和本节第(2)款应享有的权利和承担的义务。

(2) 此外,任何被捕人应被告知如下事宜:

(a) 他有权保持沉默,他所说的任何内容将被作为指控他的证据;

---

* 本法由马绍尔群岛共和国议会批准。本译本根据马绍尔群岛共和国议会官网提供的英语文本翻译。

(b) 他有权自己选择法律援助，如果他无力承担该法律援助的费用，为公正起见，他可接受免费的法律援助；

(c) 如果有可能，他可能在审前被释放。[TTC 1966 年，§464；12 TTC 1970 年，§68；12 TTC 1980 年，§68，经修改][经 P. L. 2005—33 修订]

§121 违规行为对签发逮捕令的影响

任何技术或其他原因造成的错误或遗漏不得使法院或官方授权签发逮捕令的程序失效，也不得使在该程序中产生的任何发现、命令或判决作废，除非审理上诉案件或其他案件的审查机关或法院认为，该等错误或遗漏已损害了被告人。[TTC 1966 年，§497；12 TTC 1970 年，§69；12 TTC 1980 年，§69]

§122 违反本章条款的影响

未违反本章的条款本身可使被告被宣告无罪，但是，因该等违反而取得的证据不得被采纳为针对被告的证据；对于在违反本章的任何条款时扣留的任何人，如果任何被扣留人的代表提出请求，并按照法院的命令发出通知之后，签发逮捕令的法院可下令释放被扣留的人，或在此之前，被扣留人须接受询问。该等释放必须遵守法院认为符合法律和正义要求的条款。本节授权的救济应包括（但不限于）被捕人依法有权享有的所有救济形式。[TTC 1966 年，§498 和 499；12 TTC 1970 年，§70；12 TTC 1980 年，§70，经修改]

第四部分 被告人的权利

§137 枚举

在马绍尔群岛共和国的法院，刑事案件的被告人应有权：

(a) 在审讯前持有被指控罪行的副本；

(b) 在审讯前咨询律师，并有律师或他自己选择的其他代表在审讯中为他辩护；

(c) 向法院申请准备辩护的时间，法院应准予，只要被告人明显会在其辩护中受到其他伤害；

(d) 让他可能希望的重要证人出庭作证，或在他提出要求时，让法院传唤该等重要证人；

(e) 在他自己提出要求时，以他自己的名义在审讯中提供证据，即使他可能不会被迫这样做；

(f) 在他无法以其他方式理解时，有权要求解释，以保障他的权益。[TTC 1966 年，§187；12 TTC 1970 年，§151；12 TTC 1980 年，§151，经修改][第（g）项经 PL 2005—33 废除]

1983年司法条例[*]

第一部分 序 言

§203 独立司法权

马绍尔群岛共和国宪法第6条第1（1）款确立了马绍尔群岛共和国的司法体系依据，它规定"马绍尔群岛共和国的司法权应独立于立法权和行政权"，据此，本章和马绍尔群岛共和国的所有其他法律均应以此原则来解释和应用。[P.L. 1983—18，§3]

马绍尔群岛共和国宪法^{**}

（1979年3月经全民公决通过，
1979年5月1日生效）

第二章 权利法案

第4条 正当程序和公平审判

1. 非经正当法律程序，不应当剥夺任何人的生命、自由或财产。

2. 任何被指控为犯罪的人在被排除合理怀疑地证明有罪之前，应当假定无罪。

3. 不应当要求高于确保被告人出庭所需的保证金，并且在其他可用的方式能够提供合理的保证其不会逃走或严重危及公共安全时，任何人不应当在审判前被拘禁。

4. 在所有的刑事指控中，被告人应当享有被及时和详细地告知所受指控的诉讼事由和性质的权利；享有及时获得司法决定以确定是否有合法的理由对其进行审判的权利；享有经公平的法庭迅速而公开审判的权利；享有拥有足够

---

* 本法由马绍尔群岛共和国议会批准。本译本根据马绍尔群岛共和国议会官网提供的英语文本翻译。

** 文本来源于马绍尔群岛大使馆网站。

的时间和方式为其辩护作准备的权利；享有本人亲自或者由其选择的法律协助为自己辩护的权利，并且在面对不利于他的证人时，如果其缺乏资金去获得法律协助，那么为了公正利益的要求其可以免费获得法律协助；享有通过强制程序获得支持他的证人出庭作证的权利。

5. 当适用的法律对所犯的罪名处以 3 年以上监禁，或者虽没有规定某犯罪的最大刑期，而实际执行的刑期为 3 年或更长时，被告人应当有受陪审团审判的权利，除非被告人有意或自愿放弃该权利。

6. 除了陈述、控诉或犯罪信息外，任何人不应当自证其罪。

7. 任何人在刑事案件中不应当被强迫自证其罪，不应当被强迫其作为不利于他的配偶、父母、子女或兄弟姐妹的证人，或者被强迫交出可能直接或者间接被用来判定上述人犯罪的证据。

8. 任何人不得接受强制性审讯、作出非自愿的供述或非自愿的认罪，或者，如果一个人未被告知他有沉默和获得法律援助的权利，或他所说的可能被用来作为不利于其的证据，在这种情况下，其供述也不可以被用来支持刑事定罪。

9. 任何人均应当免予重复审判，但是经被告上诉，定罪被推翻后，应当允许重新审判。

10. 除非根据法令及经过正当程序，并清楚地表明释放他将严重危及他本人的健康或安全，或者其他人的安全、健康或财产，不应当在刑事程序之外对任何人施行预防性的拘留，强制认罪或剥夺自由。

第 6 条　残忍和不寻常的惩罚

1. 在马绍尔群岛共和国的法律下，任何犯罪均不可以被判处死刑。

2. 不应当向年龄未满 18 岁的人施加任何强迫劳动的关押刑。

3. 任何人不受酷刑、不人道和有辱人格的待遇，不受残忍和不寻常的惩罚，或过度的罚金或剥夺。

第 8 条　有溯及力的法律和被剥夺公民权的法案

1. 任何人不受事后惩罚：诸如超出了行为实施时有效适用的惩罚范围，或者程序施加的、较行为实施时有效适用的惩罚对被告人更不利的惩罚。

2. 根据剥夺公权的法案，任何人不应受到诸如挑选指定的或容易识别的个人或个人团体而给予处罚等类似的惩罚。

第 12 条　平等保护和免受歧视的自由

1. 所有人在法律面前一律平等，有权获得法律的平等保护。

2. 任何法律和行政司法行为，无论明示的还是在实际适用中的，均不应当基于性别、种族、肤色、语言、宗教、政治或其他观点、民族或社会出身、出生地、家庭地位或血统而歧视任何人。

3. 本条的规定应当视为依据法律对所有公民无任何偏倚。

第 18 条　援引权利保护法案

1. 权利保护法案涉及的任何权利不可以被否定或削减，无论是直接施以强迫或惩罚，还是间接削减公民的基本权利或利益。

2. 权利保护法案的任何规定不仅可以被援引作为在民事或刑事诉讼中的辩护，也可以在对抗实际或可能发生的违反宪法时，作为法律或平等救济的依据。

密克罗尼西亚

刑事诉讼法典[*]

第二章　诉讼程序——逮捕证和逮捕

202. 未经批准执行逮捕的限制

没有获得逮捕令之前不应逮捕任何人，除非属于认为合理的情况或者有其他法律规定。

第四章　被告人权利

401. 被告人权利列举

刑事案件中的每一位被告人在托管领地的法庭中应当被授予如下权利：

（1）有权在受审之前获得他所受到的控告的副本；

（2）有权在受审之前向法律顾问咨询有权拥有一位律师或者其他由被告人选定为其辩护的代理人；

（3）为准备辩护向法庭申请更多的时间，如果不准许将会给被告人的辩护带来实质上的偏见，则法院应当准许；

（4）将被告人需要的或者在其申请下由法庭传唤的重要证人传唤到庭；

---

[*] 本法典于 1966 年由密克罗尼西亚国会批准、实施。本译本根据密克罗尼西亚国会官网（http://cfsm.fm）提供的英语文本翻译。

（5）提供法庭审判中在其申请下的代表其利益的证据，尽管他可能没有被强迫这样做；

（6）当被告人不能够理解时，程序解释其利益；

（7）按照本法典第5标题第514条①的条文规定下，在最高法院审判部门还未指定初审法官，要求在审判中任命陪审员。

密克罗尼西亚联邦国家宪法[*]

（1975年宪法会议制定，1978年批准，
1979年5月10日生效）

序　言

第4条　权利宣言

1. 任何法律都不得否定或侵害表达、和平集会、结社或请愿的自由。

2. 不得通过任何关于损害宗教设施或宗教权自由行使的法律，但为非宗教目的向教区学校提供资助除外。

3. 未经法律正当程序，不得剥夺人的生命、自由或财产，或者拒绝给予法律的平等保护。

4. 获得法律的平等保护不得因为性别、种族、血统、民族出身、语言或社会地位而被否认或侵害。

5. 保护身体、住房、文件和其他财产免受不合理的搜查、没收，或保护隐私权利免受侵犯。除非基于合理的理由，并由专门记载搜查地点、逮捕对象或没收物品的书面陈述为证，否则不能签发这样的授权书。

6. 刑事案件的被告有权受到迅速公开审判，有获知被指控的罪名、聘请律师辩护、与对方证人对质和迫使己方证人出庭的权利。

7. 在刑事案件中，一个人不得被强迫自证其罪，或因同一罪名受到两次处罚。

8. 禁止要求额外的保释，禁止处以额外的罚金，禁止施加残忍和不正常的处罚。除非在叛乱或遭受侵犯时为了公共安全需要的情况下，否则，不能暂停

---

① 此处的法典是指《密克罗尼西亚联邦统一法典》。——译者注
* 文本来源于密克罗尼西亚政府网站。

人身保护令。

9. 禁止适用死刑。

10. 除惩罚犯罪的情况外,禁止奴隶和强迫劳役。

11. 禁止通过剥夺财产和公民权或具有溯及力的法律。

12. 密克罗尼西亚联邦国家公民可以在联邦内旅行和迁徙。

13. 禁止因债务而受关押。

瑙 鲁

瑙鲁共和国 1972 年刑事诉讼法[*]

第四章 关于刑事法律程序的规定

第 44 条 法庭公开

任何法庭为调查或审判任何罪行而开庭的地方应视为公众可进入的公开法庭,只要它能容纳他们即可;

但主审法官或治安法官如认为合适,可在调查或审判任何罪行前或在调查或审判任何罪行的任何阶段命令公众或任何指明的人不得进入或身处或停留在法庭使用的房间或建筑物内。

第 94 条 曾被定罪或获裁定无罪的人不得就同一罪行再受审判

就某罪曾受有司法管辖权的法庭审判并被定罪或获裁定无罪的任何人,在该定罪或无罪的裁决未被推翻或作废时,不得就同一罪行或可就指控书被定罪的另一罪行,或指控书上他获裁定无罪的任何罪项再受审判。如被任何法庭要求就该罪对告发或指控作有罪答辩,可作出曾就该罪行被定罪或获裁定无罪的答辩以代替就该告发或指控作出有罪答辩,而法庭应随即审查该答辩是否真实,只有其裁定该答辩不真实时,法庭才能要求他就该告发或指控或与该犯罪有关的罪项作出有罪答辩。

---

[*] 本法于 1972 年 11 月 24 日由瑙鲁共和国国会批准,1972 年 11 月 27 日实施。最近一次修正时间是 2012 年 12 月 21 日。本译本根据瑙鲁政府网站中的在线法律数据库提供的英语文本翻译。

第 95 条　任何人可就独立罪行再受审判

曾被定罪或获裁定无罪的人其后可就依据本法第 91 条第（1）款进行的前一次审判中被指控的任何其他罪行再受审判，但就任何指控书被定罪的另一罪行，或该指控书中他获裁定无罪的任何罪行除外。

第 96 条　在前一次审判时随之而来或不知晓的后果

被裁定犯有由任何行为及该行为导致的后果所构成的与他曾被定罪罪行不同的罪行的人，如该后果没有发生或在他被定罪时法庭不知晓该后果时，他在其后可就该不同的罪行再受审判。

瑙鲁宪法[*]

（1968 年 1 月 29 日瑙鲁制宪会议通过）

第二章　基本权利和自由的保护

第 5 条　人身自由的保护

一、除非依照法律授权在下列情况下，否则任何人不应当被剥夺人身自由：

（一）执行法院就该人所犯罪行而作出的判决或命令；

（二）执行法院的命令而将该人带至法院；

（三）依据合理的怀疑，该人已经犯罪或将要实施犯罪；

（四）根据法院的命令，为使该人在年满 18 岁的当年不迟于 12 月 31 日的时期内接受教育；

（五）根据法院的命令，为该人在年满 20 岁之前的时期内的福利；

（六）为了防止疾病的传播；

（七）当该人是，或被合理地怀疑是神智不健全或对药品、酒精成瘾的情况下，为了给予其照顾或治疗，或为了社会安全；以及

（八）为了阻止该人非法进入瑙鲁，或为了执行将该人驱逐出境、引渡或其他法定的离开。

二、受到逮捕或拘留的人应当被迅速地告知其被逮捕或被拘留的原因，并

---

[*] 文本来源于瑙鲁议会网站。本版瑙鲁宪法包括瑙鲁制宪会议在 1968 年 5 月 17 日根据第 92 条作出的修改。

应当允许其在被拘留的场所向其本人选定的律师咨询。

三、在本条第一款第（三）项中所指的某人被逮捕或被拘留且并未被释放的情况下，应当在逮捕或拘留后 24 小时内移送法官或其他担任司法官员的人员处。并且除非根据法官或其他司法官员的命令，不得对其采取与该罪行有关的进一步羁押。

四、当受到非法拘留的人向最高法院（the Supreme Court）提出控告，最高法院应当对控告进行调查，除经证实该拘留是合法的外，应当命令将此人移送最高法院并予以释放。

第 7 条　免受非人道待遇

任何人不应当受到非人道或有失体面的拷问、待遇或惩罚。

第 10 条　获得法律保护的规定

一、任何人不应当因法律未规定犯罪而被定罪。

二、除非指控被撤销，被告人应当在合理期限内由独立、公正的法庭给予公正审理。

三、对被告人：

（一）直到依法被证明有罪以前，应当被假定为无罪；

（二）应当迅速地用其理解的语言详细地告之对其指控的罪行的性质；

（三）应当给予充分的时间和便利条件为其辩护做准备；

（四）如其不理解或不会讲审讯时所使用的语言，应被允许免费获得翻译员的帮助；

（五）应当允许其亲自在法庭前自行辩护，或由其自费聘请的律师为其辩护，或在某一案件中根据公正的要求，法院认为其没有足够的能力支付由此产生的费用，为其指派律师，免费为其辩护；以及

（六）应当为其本人及其法律代理人在法庭前询问检控方提供的证人提供便利，在法庭前以其名义获得证人的出席、展开询问和证明，以上条件同样适用于其提供的证人，

且，除非本人同意，审讯不应在其缺席的情况下进行，除非他自己的行为使得审讯程序在其出席的情况继续进行是不可能实现的，故法院命令其退席，审讯在其缺席的情况下继续进行。

四、任何人不得因发生时尚不构成犯罪的行为或过失而被定罪，且对任何罪行不应当施加比犯罪时可能施加的更为严重的刑罚，无论是在程度上还是在种类上。

五、任何人被表明其罪行已经有管辖权的法院审理后被宣判有罪或宣布无罪，不应当因同一罪行再次被审讯，除非根据上级法院在上诉或复审程序中作

出的有关宣判有罪或宣告无罪的命令。

六、任何人不应当因已获得赦免的罪行而再次受审判。

七、因罪行受到审判的任何人不应当在审讯中被迫提供证据。

八、在审判中，任何人不应当被迫自认其罪。

九、不应对民事权利和义务的存在或范围作出决定，除有独立、公正的法院或法律规定的其他机关，且此种决定的诉讼程序应当在合理期限内公平审理。

十、除非双方当事人对此一致同意，法院的诉讼程序或在任何其他机关进行的确定任何民事权利或义务存在或范围的程序，包括法院或其他机关决定的公布，均应当公开进行。

十一、本条第十款规定的任何事项不应当妨碍法院或其他机关将其他人排除于诉讼审理之外，除此案的双方当事人及他们的律师外，法院或其他机关基于下列情形：

（一）法律授权如此做并且认为对公共道德，或公开审判可能损害司法利益、不满 20 岁的人的福利，或为保护与诉讼程序有关的人员的私生活是必要和权宜的；或

（二）由法律授权或出于国防、公共安全或公共秩序的利益需要这样做。

十二、法律中包含的任何情形或依据法律授权所做的任何事项，不应当被视为违反或抵触下列规定：

（一）本条第三款第（一）项，因法律设置了由被告人承担特定问题的证明责任；或者

（二）本条第三款第（六）项，因法律规定了必须满足的合理条件，如果被传召的证人代表被告人出庭作证，该费用不由公共财政支付。

所罗门群岛

刑事诉讼程序法典*

第四节　与所有刑事调查和诉讼相关的规定

第 121 条　被判有罪或者无罪的人不因同一罪行再次受到审判

一个人一旦经一个对某罪行具有合法管辖权的法院审判,并被判有罪或者无罪释放,当此定罪或者无罪释放并没有被推翻或者撤销时,不应当就同一罪行的同一事实再次被审判。

第 122 条　个人可能会再次因独立的罪行受到审判

任何因某罪行被判有罪或者无罪释放的人后来可以因为在先前的审判之中有可能被指控的其他罪行,而依据第 118 条第 1 款而受审。

第 123 条　在先前审判之时随后发生的或者未知的后果

一个人被判有罪或者无罪释放的行为造成的后果与此行为一起还构成一个与该人曾经被判有罪或者无罪释放的不同的罪行,之后可能会因后面提到的罪行受到审判,如果在他被判无罪或者被判有罪之时其后果还没有发生或者法院还不知道已经发生了。

第 124 条　初审法院不能胜任审判后续的控告

依从于现行有效的其他法律的规定,一个人因其构成犯罪的行为而被判有罪或者无罪释放,虽然有此定罪或者无罪释放,可以随后被控和审判他可能已经实施的基于同样的行为构成的其他犯罪,即使①对他进行第一次审判的法院没有资格审理他随后所被指控的罪行。

＊本法典由所罗门群岛议会批准,于 1962 年 6 月 1 日实施。本译本根据太平洋岛法律信息研究所官方网站(http://www.paclii.org)提供的英语文本翻译。

① If 在此可能含有"即使"之意。

所罗门群岛宪法*

(1978年6月8日由英国议会通过,
1978年7月7日生效)

第二章 个人基本权利和自由的保护

第 7 条 免受非人道待遇

任何人不受酷刑、非人道或者有辱人格的惩罚或者其他对待。

第 10 条 获得法律保护的规定

(1) 被指控刑事犯罪的人,除非指控被撤销,其应当在合理的时间内由依法设立的独立和无偏私的法院进行公正审理。

(2) 每个被指控刑事犯罪的人——

(a) 在证明有罪或者认罪之前应当推定其无罪;

(b) 应当在合理可行的程度内尽快以其通晓的语言详细告知其被指控犯罪的性质;

(c) 应当给予其足够的时间和便利准备答辩;

(d) 应当准予其在法院亲自辩护,或者由其自费选择的法律代理人进行辩护;

(e) 应当给予其便利亲自或者由其法律代理人在法院询问控方传唤到庭的证人,并以与控方证人的同等条件要求他的证人到庭并进行询问;以及

(f) 当其不通晓审判使用的语言时,则应当获得免费的翻译帮助;

且除获得其同意之外,审判不得缺席进行,除非其行为致使诉讼不能继续进行,法院责令其退庭并进行缺席审判。

(3) 当个人在受刑事审判时,如果被告人或者由其授权的人提出索取审判记录,则应当在判决后的合理时间内并在其支付法律规定的合理费用后向其提供法院审判记录的副本由被告人使用。

(4) 禁止将个人在行为时不构成犯罪的作为或者不作为判定为犯罪,禁止以超过犯罪行为之时最高刑罚的程度和性质判处刑罚。

(5) 被适格的法院进行刑事审判判定有罪或者宣告无罪的人,除非基于

---

* 文本来源于所罗门群岛国会网站。

上级法院在上诉或者复审程序中对该项有罪判决或者无罪宣告的裁定,否则不得对该项犯罪或者其他已审判过的犯罪予以重复审判。

(6) 当个人证明其犯罪被特赦,则不得对其进行刑事审判。

(7) 禁止强迫任何受刑事审判者自证其罪。

(8) 判决民事权利义务之存在和范围的法院或者其他裁决机关应当依法设立或者由法律确认,并应当做到独立和公正;个人为上述判决而在上述法院和裁决机关提起的诉讼应当在合理的时间内得到公正审理。

(9) 除所有当事人同意之外,所有法院的诉讼以及向其他裁判机构提起的要求判决民事权利义务存在和范围的诉讼,包括法院或者其他机构之判决的宣告都应当公开进行。

(10) 本条前款的规定不妨碍法院或者其他裁决机构将当事人及其代理人以外的其他人排除于诉讼之外,只要该法院或者其他机构——

(a) 经法律如此授权,并考虑到如果公开将损害司法或者中间诉讼,或者为维护公共道德、18周岁以下人的利益,或者为保护诉讼相关人的私生活而进行公开的必要和适当性;

(b) 为维护国防、公共安全或者公共秩序由法律授权或者规定这样做。

(11) 法律对下列事宜的规定或者施行不视为抵触或者违反本条——

(a) 本条第(2)款(a)项,当法律规定受到刑事指控的人有证明特定事实的责任;

(b) 本条第(2)款(e)项,当法律规定被告方证人由公共基金支付费用时必须满足的合理条件;

(c) 本条第(5)款,当法律授权法院对纪律部队成员进行刑事审判,而根据纪律法已经对该纪律部队成员进行过审判、判定有罪或者宣告无罪,则对纪律部队成员进行审判和定罪的法院在判处刑罚时须将根据纪律法作出的惩罚一并纳入考虑。

汤　　加

汤加宪法法案[*]

（1875年11月4日由国王乔治·图普一世颁布）

第一章　权利宣言

第 10 条　被告人必须受审判

未经有管辖权的法院依法审判，任何人不得因可能犯罪而受到处罚。（1972年第8法案修改）

第 11 条　起诉程序

除非已先收到书面起诉书（但弹劾案，或者在法官管辖范围内犯轻罪，或者在开庭期间藐视法庭的除外），任何人都不得被审判，或者传唤到法院，或者因未到庭受惩罚。该书面起诉书应当清楚地说明指控的罪名和理由。审判中，指控他的证人应当被带到法庭与被告当面对证（但法律另有规定的除外），被告人应当听取证人提出的证据，允许对证人提问，提供自己的证人，且针对指控作对自己有利的陈述。但任何因所犯的罪名应当被指控的人，应当由陪审团审讯，且该法律不得被撤销。所有金额较大的索赔案应当由陪审团判决，议会应当就无须陪审团判决的索赔案的金额作出决定。（1942年第25法案；1982年第13法案修改）

第 12 条　一事不再理

任何人的罪刑一经审判，无论是被宣判无罪或者是被定罪，都不得再次受审，被告在被法庭宣判无罪后招供，且有充分的证据证明被告招供真实性的除外。

第 13 条　指控不得被更改

任何人只因被记载在起诉书、传票或者令状中的指控而受审；（1990年第23法案修改）

除非：

---

[*] 文本来源于汤加立法在线网站，并参考汤加王国政府资讯和通讯部网站。

（a）如果证据证明被告人有犯罪的企图，而不能证明被指控的所有罪行，被告也可以因犯罪企图而定罪，并受到相应的处罚；并且

（b）如果虽然只指控了被告人的犯罪企图，而证据能证明被告人所犯的所有罪行，被告人也可以因被指控的犯罪企图而定罪；并且

（c）任何人因侵占受审判时，陪审团可以自由的裁决为盗窃罪而非侵占罪；任何人因盗窃受审判时，陪审团可以自由地裁决为侵占罪。（1918年第10法案；1981年第18法案和1990年第23法案修改）

（d）任何法律可以规定，对被指控犯罪的人可以基于同一情况下所犯的另一罪名定罪（不是更严重的罪名）。（1990年第23法案插入）

第14条 审判须公平

任何人不得被强迫自证其罪；任何人的生命、财产或者自由不得被剥夺，但法律另有规定的除外。

第15条 法庭须公正

任何法官、地方法官或者陪审员不得审理任何与自己相关的人所涉及的案件，也不得作为这些案件原告的辩护人或者证人。任何法官或者地方法官也不得审理与自己相关的任何案件。任何法官、地方法官或者陪审员不得以任何理由接受被告人或者被告人的朋友的任何礼品、钱财或者其他物品，而是可以完全自由地履行职责，并且在任何情况下都不得凭自己的好恶偏见履行职责。

瓦努阿图

瓦努阿图共和国刑事诉讼法典*

第一部分 导 言

第2条 犯罪行为的审判

(1)《刑法典》规定的所有刑事犯罪均应遵循相关法律的相同条款进行侦

---

* 本法典于1981年由瓦努阿图共和国总统和议会批准，1981年10月1日实施。先后于1984年、1986年、1988年、1989年、2003年和2006年颁布了6次修正案，最后一次修正时间为2006年7月17日。本译本根据太平洋岛法律信息研究所官方网站（http://www.paclii.org）提供的英语文本翻译。

查、审判或者以其他方式处理以统一裁判尺度。

（2）尽管法院遵循其他有关刑事管辖权的法律规定，但对于个别问题该法典规定是不可适用的或者没有程序规定，在这种情况下，法院可根据实质正义和法律的一般原则行使其司法管辖权。

第四部分　关于刑事审判的进一步规定

第三节　无罪推定

第81条　向被告人宣读无罪推定声明

在被告方作无罪辩护的刑事审判中，审判长应当在案件审判开始前向被告人大声宣读以下无罪推定声明：

"在此次审判中你将被推定为无罪，直至此次诉讼排除一切合理怀疑后证明你的罪行。你无须自证清白。如果在审判最终，对你罪行的指控仍然存在合理怀疑，对你的指控将被视作不成立，你也将被宣判无罪。"

瓦努阿图共和国宪法[*]

（1979年10月23日制定，1980年7月30日生效）

第二章　基本权利和义务

第一节　基本权利

第5条　基本权利和个人自由

1. 瓦努阿图共和国承认，除非法律对公民权利的限制，所有人均享有下列基本权利和自由，并不基于种族、出生地、宗教或传统信仰、政治意见、语言或性别而受到歧视，但是公民应尊重其他人的权利和自由，并受在防务、安全、公共秩序、福利和健康方面等合法的公共利益的约束。

（1）生命；

（2）自由；

---

[*] 文本来源于瓦努阿图议会网站。

（3）人的安全；

（4）法律的保护；

（5）免于非人道的待遇和强制工作的自由；

（6）良心和崇拜的自由；

（7）表达自由；

（8）集会和结社的自由；

（9）迁徙自由；

（10）保护家庭隐私和其他财产，保护财产免受不公正的剥夺；

（11）法律和行政行为下的平等对待，除非立法是为妇女、儿童或年轻人、弱势群体或欠发达地区的居民的特殊利益、福利，否则任何法律都应该与本项保持一致。

2. 法律的保护应包括以下内容：

（1）任何被指控犯罪的人都应该在合理的时间内获得由一个独立且公正的法庭公平审理的权利。在严重的犯罪中，法庭还应该为此人提供一名律师；

（2）任何人在法庭依法定罪前，都应该假定无罪；

（3）任何人在被指控犯罪时，都应该以他能理解的语言迅速被告知；

（4）在诉讼中，如果被告不理解庭审中使用的语言，法庭应该为此人提供一名翻译；

（5）非经本人同意，任何人缺席时不受审判，除非他出庭时造成诉讼无法进行；

（6）任何人在作为或不作为时，如果当时的成文法和习惯法并不认为此种行为构成犯罪，不得被指控有罪；

（7）任何人不应该受到比他犯罪时更重的刑罚；

（8）任何人在被免刑、审判、定罪或宣告无罪之后，不应因同一犯罪再次受到审判，或者在审判中将已经定罪的行为指控为其他犯罪。

新 西 兰

1990年新西兰权利法案*

（公共法案1990年第109号，
批准日期1990年8月28日）

第二章 公民权利和政治权利

生命和人身安全

第9条 不受酷刑或残忍对待的权利

每个人都有权不受酷刑或残忍、羞辱、过度严厉的对待或惩罚。

搜查、逮捕和拘留

第21条 不合理的搜查和扣押

每个人享有人身、财产、通信或其他物品不受不合理的搜查或扣押的权利。

第22条 人身自由

每个人享有不被任意逮捕或拘留的权利。

第23条 被逮捕者或拘留者的权利

（1）根据法律被逮捕或拘留的人：

（a）在被逮捕或拘留时应被告知逮捕或拘留的原因；

（b）享有不受拖延地咨询和指示律师的权利，以及被告知享有此项权利的权利；

（c）有权无拖延地通过人身保护令确定逮捕或拘留的有效性，如果逮捕或

---

* 原文注：本法案由司法部管理执行。

拘留不合法，享有被释放的权利。

（2）每个因犯罪而被逮捕的人享有被迅速地指控或被释放的权利。

（3）每个因犯罪而被逮捕并未被释放的人应被尽快地送交法院或有管辖权的法庭。

（4）每个因犯罪或有犯罪嫌疑而依法被：

（a）逮捕；或

（b）拘留的人，

享有沉默的权利，并应被告知这项权利。

（5）每个被剥夺自由的人应被人道地对待，人的固有尊严应受到尊重。

第 24 条　被指控人的权利

每个被指控犯罪的人：

（a）应被迅速而详细地告知被指控的性质和理由；

（b）除非有继续拘留的正当理由，否则，应根据合理的期限和条件被释放；

（c）应有权咨询和指示律师；

（d）应有权获得足够的时间和设施准备辩护；

（e）当对犯罪的刑罚是或包括 3 个月以上①的监禁时，除根据军事法在军事法院接受审判的情况之外，有获得由陪审团参加审判的权利；

（f）如果公正的利益如此需要，而他没有足够的手段获得法律援助，其有权获得免费的法律援助；

（g）如果其不能理解或表达法庭使用的语言，其有权获得免费的翻译帮助。

第 25 条　刑事程序的最低标准

每个被指控犯罪的人，对于指控的确定，享有以下最低的权利：

（a）获得由一个独立、公正的法庭举行的公平、公开的听证会的权利；

（b）获得无不适当的拖延的审判的权利；

（c）在依法被证明有罪之前，被假设无罪的权利；

（d）不得被迫作证或承认有罪的权利；

（e）出席审判和出庭辩护的权利；

（f）审查控方证人的权利，在与控方相同的条件下获得辩护方的证人出庭

---

① 译者注：此处已由 2011 年 10 月 17 日批准的修正法案作出修改，即将"3 个月"改为"2 年或 2 年以上"。该修正法案同时规定，该修改须待女王批准 2 年后生效，但总督根据行政会议命令决定提前生效的除外。

并审查辩护方证人的权利；

（g）如果被定罪，而对该罪应判处的刑罚在犯罪时和判刑时的规定发生了变化，有权获得较轻刑罚的权利；

（h）如果被定罪，有权对定罪或量刑，或同时就两者向更高级的法院依法提出上诉；

（i）对于儿童，有权获得以考虑儿童年龄的方式对待的权利。

第 26 条　有溯及力的刑罚和一事不再罚原则

（1）任何人不应因其在发生当时根据新西兰的法律不构成犯罪的作为或不作为而被定罪。

（2）最终被判无罪，或被判有罪或罪行被赦免的任何人不应因该罪行而再次受到惩罚。

第 27 条　获得正义的权利

（1）每个人有权要求任何法庭或其他对他的权利、义务或法律认可或保护的利益有决定权的公共权威遵守自然正义原则的权利。

（2）每个其权利、义务或法律认可或保护的利益受到任何法庭或其他公共权力机构的决定影响的人，有权根据法律申请对该决定进行司法审查。

（3）每个人有权对皇室提起民事诉讼，有权在提起的民事诉讼中进行辩护，有权要求这样的诉讼依法以与个人之间的民事诉讼相同的方式获得旁听。

附录：

《世界各国刑事诉讼法》分解资料丛书翻译与审校人员

翻译人员（按姓氏笔画为序）

卞建林	孔冠颖	王　丹	王　舸	王贞会
王迎龙	王玮玮	王绍佳	兰　哲	叶　萌
白　冰	白思敏	刘　昂	刘　莹	刘为军
刘亚男	刘在航	刘建波	刘林呐	刘缘艺
孙　扬	孙　璐	孙天瞳	孙长永	安　宁
师晓敏	朱昕怡	许慧君	齐　济	齐赟赟
余　婧	吴小娟	吴宏耀	宋英辉	宋淀沙
宋维彬	张　艺	张　辰	张泽涛	张　珂
张　龚	张　晶	张　鹤	张　璐	张天仪
张佳华	张鸿绪	张瀚文	李　伟	李　响
李　晶	李　辞	李红丽	李依苇	李学军
李庚强	杨　依	杨宇冠	汪沸丝	肖沛权
辛金霞	迟　颖	邵　聪	陆而启	陈　岩
陈开元	陈永生	周　凡	周　楠	周蕴菁
季奕鸿	季美君	岳礼玲	林　静	林艺芳
罗　宇	罗结珍	罗海敏	苑　冬	苑宁宁
苗思雨	金玄卿	侯宇翔	段君尚	赵　路
赵九之	赵京剑	赵珊珊	赵海智	赵新兰
倪　润	徐　磊	徐美君	栗　峥	桂梦美
殷晓超	袁晓岩	郭　晶	郭　锴	郭志媛
都　郁	顾永忠	高　通	高　源	高　鑫

黄 风	黄宝伟	黄晓敏	曾 莉	曾元君
程 雷	程明珠	蒋 毅	谢 澍	谢刚炬
褚 宁	裴 炜	潘 灯	潘 侠	霍艳丽
魏 武	魏晓娜			

审校人员（按姓氏笔画为序）

Elio de la Cal　　　Lisy Alina Jorge Mendez

Luis Felipe Borja　　孔祥承　　巴尔克娜·伊奈斯

王绍佳	白思敏	邝金玲	刘计划	刘清波
孙致祥	孙钰岫	朱昕怡	许静文	严文君
何 丹	何锦荣	初殿清	吴宏耀	宋振策
张瀚文	李 伟	李本森	李依苇	李学军
李婧宜	陈子楠	周 凡	岳礼玲	林宝红
罗 颖	郑志展	郑鼎基	金哲楠	胡家伟
徐美君	袁木松	钱钏强	顾永忠	曹俊雅
曾 莉	董 杨	蒋 毅	谢 凯	潘 灯
黎彩玲	戴 昀			

图书在版编目（CIP）数据

刑事诉讼原则：外国宪法刑事诉讼法有关规定/卞建林主编 . —北京：中国检察出版社，2017.9
（《世界各国刑事诉讼法》分解资料丛书）
ISBN 978-7-5102-1974-0

Ⅰ.①刑… Ⅱ.①卞… Ⅲ.①刑事诉讼法-研究-国外 Ⅳ.①D915.3

中国版本图书馆 CIP 数据核字（2017）第 220465 号

刑事诉讼原则

外国宪法刑事诉讼法有关规定

卞建林　主编

出版发行：	中国检察出版社
社　　址：	北京市石景山区香山南路 109 号（100144）
网　　址：	中国检察出版社（www.zgjccbs.com）
编辑电话：	（010）86423751
发行电话：	（010）86423726　86423727　86423728
	（010）86423730　68650016
经　　销：	新华书店
印　　刷：	保定市中画美凯印刷有限公司
开　　本：	710 mm×960 mm　16 开
印　　张：	11.75　插页 4
字　　数：	215 千字
版　　次：	2017 年 9 月第一版　2017 年 9 月第一次印刷
书　　号：	ISBN 978-7-5102-1974-0
定　　价：	28.00 元

检察版图书，版权所有，侵权必究
如遇图书印装质量问题本社负责调换